Thirza Reis

# BASTA!

## Liberte-se da exaustão e da culpa e faça sua vida C.A.B.E.R.

Literare Books
INTERNATIONAL
BRASIL · EUROPA · USA · JAPÃO

**Presidente do conselho:**
Maurício Sita

**Presidente:**
Alessandra Ksenhuck

**Vice-presidentes:**
Cláudia Pires e Julyana Rosa

**Diretora de projetos:**
Gleide Santos

**Editor:**
Helder Novaes

**Assistentes editoriais:**
Emerson Xavier e Júlia Almeida

**Capa, projeto gráfico e diagramação:**
Gabriel Uchima

**Revisão:**
Angélica Mendonça e Letícia Paraquine

**Impressão:**
Printi

**Dados Internacionais de Catalogação na Publicação (CIP)**
**(Câmara Brasileira do Livro, SP, Brasil)**

Reis, Thirza
Basta! / Thirza Reis. -- São Paulo :
Literare Books International, 2025.

ISBN 978-85-9455-401-7

1. Autoajuda 2. Autoconhecimento 3. Coragem
4. Desenvolvimento pessoal 5. Empatia 6.
Recomeço 7. Transformação I. Título.

25-266141 CDD-158.1

**Índices para catálogo sistemático:**

1. Autoconhecimento : Crescimento pessoal : Conduta de vida 158.1

Eliete Marques da Silva - Bibliotecária - CRB-8/9380

Literare Books International Ltda.
Alameda dos Guatás, 102 – Saúde – São Paulo, SP.
CEP: 04053-040
Fone: +55 (0**11) 2659-0968
Site: www.literarebooks.com.br
e-mail: literare@literarebooks.com.br

MISTO
Papel | Apoiando o manejo florestal responsável
FSC® C196274

Thirza Reis

# BASTA!

## Liberte-se da exaustão e da culpa e faça sua vida C.A.B.E.R.

Para todas as mulheres inquietas
Para as que já se sabem inspiradoras
E para as que estão prestes a descobrir que o são!

# Agradecimentos

Para mim, agradecer é o início e o fim de tudo. Não poderia entregar este livro sem começar por este momento do agradecimento, sem honrar minha trajetória e as pessoas que me impulsionaram, me fizeram quem sou e seguiram comigo até aqui.

Agradeço primeiro a Deus, pelo carinho especial e cuidadoso que tem comigo. Por ter me confiado este propósito tão especial de trabalhar com pessoas e de poder ser instrumento e ponte para seus despertares e transformação; por ter me feito caminhar com gente tão querida sempre perto; por ter me sustentado e seguir me sustentando em todos os momentos.

Agradeço ao meu pai, de quem herdei a vida e o ofício, com quem conversei horas na praia, na mesa do jantar e em vários momentos que me fizeram, desde muito cedo na vida, entender que nossa vida é para ser instrumento de vida para outras pessoas; que me ensinou a ser buscadora, aprender a pensar, gostar de estudar e me apaixonar pelas boas perguntas – mais até do que pelas respostas.

Agradeço à minha mãe, minha grande amiga e fiel escudeira de todas as horas. Sua presença, sua força e alegria, suas orações são meu norte. Digo sempre para os meus filhos: se eu for para eles um pouco do que a minha mãe é para mim, estou plenamente satisfeita. E agradeço pela leitura afetuosa do meu texto, quando ele ainda era esboço.

Agradeço a Gael e Nolah, meus filhos amados, meu coração fora do peito, minha maior motivação. Vê-los despertar para a vida, com inteireza e graça, é meu maior combustível. Agradeço pela alegria de poder ser mãe deles e pela expansão que me proporcionam.

Aos meus irmãos, Judah e Lícia, pela parceria na vida e pelas boas conversas de sempre. Aos meus avós, que já não estão mais aqui, pelo olhar orgulhoso que repousaram sobre mim e me fizeram sentir, ainda pequena, que eu era valorosa e que tinha a contribuir.

Venho de uma família que ama a palavra, a arte, a poesia e a boa música. Isso me moldou e serei sempre grata.

Agradeço aos meus amigos queridos, minhas amigas de alma, cada uma de vocês sabe quem é e a importância que tem na minha vida.

Agradeço a Tati Lemos e a Mari Parra, minhas irmãs escolhidas. E a Ayla Tiago, minha mamylita. De perto ou de longe, vocês caminham comigo e me lembram de quem eu sou quando eu mesma esqueço. Ter vocês é privilégio e benção. Obrigada, obrigada, obrigada.

Agradeço a querida Cris Kozovits, que foi minha grande interlocutora na construção deste livro, com um olhar generoso e cuidadoso para minha mensagem, para o que eu queria transmitir. Sua parceria foi fundamental para me encorajar e dar forma ao texto.

Agradeço à Luciana Barbosa, que me incitou a escrever, e à Juliana Guedes e à Vanessa Cardoso, minhas amigas e leitoras escolhidas, de quem contei com o feedback honesto sobre este livro. Seus comentários e incentivo me deram forças para chegar até aqui.

Agradeço, sem medidas, ao meu companheiro Sandro Eli, que me revela, a cada dia, o verdadeiro valor da parceria e do amor. Seu apoio generoso se manifesta não apenas na revisão cuidadosa de cada página, na edição minuciosa e no olhar atento que me presenteou, mas também no caminhar ao meu lado na vida, me ajudando a fazer a vida acontecer, enquanto eu me dedicava a estas páginas.

Agradeço a cada paciente, cada mentorado(a), cada aluno(a) que tive a chance de encontrar e acompanhar e também agradeço aos amigos e parceiros de trabalho que fiz ao longo de todos esses anos. Cada história, cada troca, cada conversa profunda segue impressa em mim.

Finalizo agradecendo a você, que escolheu estar aqui e me lê. Escrevi este livro pensando em você e quero te agradecer pelo seu tempo e pela chance de compartilhar aquilo que construí ao longo dos anos e que faz sentido para mim. Sua presença aqui faz meu coração transbordar e é a razão do meu propósito. Obrigada por isso e espero que estas páginas te toquem a alma como me tocou escrevê-las.

Vamos ao livro!

# Introdução

O desejo de escrever este livro nasceu de uma contínua busca minha por encontrar o tão sonhado equilíbrio na vida. Eu persegui esse objetivo com toda minha vontade. No entanto, confesso que muitas vezes me senti incapaz e ineficiente nessa tarefa. Na verdade, falhei miseravelmente! E, de tanto falhar, me desafiei a buscar novas respostas, me conhecer mais e entender como e porque essa sensação da "vida parecer não caber na vida" afeta tantas pessoas, e especialmente mulheres.

Eu atuo há mais de 20 anos com desenvolvimento humano, como psicóloga clínica, coach, mentora e consultora organizacional. Em épocas distintas, estive também em salas de aula de pós-graduação, convivendo com educandos de diferentes gerações e mentalidades. Além disso, realizei diversas formações para meu aprimoramento pessoal e profissional, satisfazendo esse desejo inquieto de aprender sempre mais e de dar o meu melhor para quem procura meu auxílio. Em todas essas atividades me deparei com um grande número de pessoas vivendo como se estivessem devendo algo à vida, com a sensação de que, por mais que façam, façam e façam, nunca é o suficiente.

Sim, existe esse grito de socorro e eu o tenho escutado com frequência. Um pedido de ajuda, uma queixa recorrente e ansiosa que ouço no consultório, nas organizações, nas salas de aula e nos encontros com amigos. Basta aprofundar um pouquinho mais a conversa que a dor aparece: "eu estou exausta, sobrecarregada, cansada, me sentindo insuficiente!". "Na correria" tomou o lugar de "estou bem" como a resposta-padrão ao "como você está?".

Ao prestar atenção e analisar todas as histórias que ouvi em diferentes contextos e pela minha própria experiência, comecei a perceber o quanto essa busca por equilíbrio tem sido um motor de ansiedade e angústia para tantas pessoas, intensificando-se nos últimos anos. Elas se sentem deprimidas ao tentar e não conseguir equilibrar as demandas das diferentes áreas da vida, ao não dar conta de fazer tudo que gostariam ou que acham que precisam fazer. E – *perceba que interessante!* –, embora essa seja uma dor recorrente, relatada em todos os ambientes em que atuo, boa parte das pessoas sente como se isso fosse uma inabilidade pessoal para lidar com os desafios. Por que será?

"Fulano e beltrano estão indo tão bem... Parecem conseguir com os pés nas costas... O problema só pode ser eu."

Quando se cai nessa teia de comparações, a sensação de insuficiência ganha ainda mais força, intensificando todos os sintomas, colocando a gente em um lugar de ansiedade. Concordo com o que diz o psicólogo Alexandre Coimbra do Amaral desde o título de um dos seus ótimos livros: *Toda ansiedade merece um abraço*. Então, sinta-se abraçada caso essa ansiedade da insuficiência esteja afetando você!

Foi no auge da pandemia, em meados de 2020, quando o mundo acontecia no "home tudo" (como chamei o home office naquele momento), que ficou realmente claro para mim que a vida das pessoas não estava cabendo na vida delas. A minha própria vida não estava cabendo na minha vida. Naquele espaço pequeno da minha casa eu precisei acomodar toda a minha complexidade, a minha ansiedade e sensação de impotência perante o que acontecia em nosso país e no mundo inteiro. Naqueles poucos metros quadrados, tive que lidar com o medo e o tédio, meus e dos meus filhos; com a saudade e a preocupação com tanta gente querida; com o isolamento físico e emocional. Tinha aquele estresse de lutar contra um inimigo invisível e mortal, que poderia entrar em casa, sem ser convidado, em um saco de pão, em uma correspondência ou em um sapato, exigindo banhos de álcool e higienização de tudo que passava pela porta. Tive que lidar com a intensidade de emoções descontroladas dentro de mim e a compaixão com tanto desassossego, ingerências, sofrimento e mortes fora de mim.

O meu "home tudo" se assemelhava à vida da grande maioria das pessoas naquele momento. Tanta gente em sofrimento profundo, se sentindo sozinha, perdida e absolutamente sobrecarregada, assoberbada, tendo que dar conta de todas as coisas na mesma mesa de jantar. E, naquele cenário, havia um outro inimigo aflorando do inconsciente... Para além das incertezas sobre o futuro e da dor do luto, muita gente (eu incluída), sofreu por ter suas agendas frenéticas interrompidas e precisar conviver mais consigo mesma. O isolamento forçou uma desaceleração de nossas rotinas e um olhar para a intimidade doméstica que confronta o *status quo* do século XXI: excesso de trabalho e pouquíssimo tempo para a vida pessoal.

Em meio a isso tudo, eu parei para me perguntar: *Por que estou sempre a mil por hora? Por que não descanso nunca? Por que me sinto perdendo algo e improdutiva sempre que paro? Por que me sinto culpada e devendo para a vida quando na verdade estou, sim, bastante produtiva, mesmo neste cenário caótico?*

Essas foram as perguntas que me levaram a um grande processo de autoanálise, quase como um desabafo, uma confissão, um grito de socorro, e também de protesto. Uma jornada de descobertas que tem me levado a perceber e desconstruir padrões tóxicos que eu nem sabia que alimentava, crenças que simplesmente aceitei e às quais me submeti inconscientemente, conceitos e "verdades" que tive que ressignificar para seguir em frente.

Foi em busca da minha cura e de poder ser instrumento de cura na vida de outras pessoas que percebi que esse desejo ansioso de equilibrar todos os pratos no ar esconde uma cobrança extrema, insustentável e surreal. Uma pressão que atua de dentro para fora e de fora para dentro, nos adoecendo profundamente. Sair dessa roda-viva exige deixar muitos pratos caírem no chão. Você está disposta a fazer isso, em nome da sua liberdade e saúde, em busca de uma vida que seja mais sustentável?

Especialmente, venho me dedicando às mulheres que, como eu, desempenham múltiplos papéis, gerindo pessoas, liderando negócios, tocando projetos, sendo mães, estudantes, esposas ou namoradas, donas de casa e administradoras de tudo, com uma carga mental e emocional que parece inesgotável. Ufa! Por quanto tempo damos conta de seguir fingindo ser essa Mulher--Maravilha? Como estamos por dentro? Onde entram nossos sonhos? Onde entram nossas pausas e nossos respiros? Quem estará lá por nós se não formos nossas próprias heroínas, se não formos por nós mesmas?

Venho aprendendo que equilibrar tudo o tempo todo é mesmo insustentável. Tentar ser a equilibrista reforça o problema da insuficiência em vez de resolvê-lo. Faço, aos poucos, o exercício contínuo e bastante humano de me despir dessa fantasia de heroína para assumir, com mais verdade e propriedade, as necessidades e a vulnerabilidade da mulher e do ser humano que sou. Não somente deixo alguns pratos caírem no chão: eu mesma venho quebrando alguns deles, pois troquei "equilibrar" por "balancear", respeitando um pouco mais meus limites e me permitindo recomeçar quantas vezes for preciso.

Sinto que somos convidadas a dançar com a vida e aceitar os passos e o ritmo com ela, no tempo oportuno de cada nota, sem nos cobrarmos tanto o tempo todo. E, de todas as coisas que venho aprendendo nesse processo, o que se revelou bastante forte para mim é que precisamos fazer essa análise juntas, pois os padrões que nos escravizam nesse lugar de insuficiência crônica são sistêmicos e, portanto, precisam ser desafiados sistemicamente. O cansaço que muitas de nós sentimos e a percepção de que não conseguimos realizar tudo que precisamos para ser "bem-sucedidas" é uma mazela da sociedade atual, que adoece pelo excesso.

Este é o porquê do livro! Ele é a culminância do meu desejo de compartilhamento e eco de todo esse processo de análise pessoal e conjuntural. À medida que escrevo, ele também assume a forma de uma convocação ou um convite para você, leitora: que elevemos essa discussão para outra escala, em que possamos expandir a consciência coletiva em nome da saúde e da autenticidade de todas nós. Juntas teremos mais força para confrontar paradigmas sem sentido e recriar nossa relação com o tempo, o trabalho, o desejo de "equilíbrio" e o sucesso, pois a vida que faz sentido para nós pode e deve caber na nossa vida do dia a dia, sem que a gente precise se desgastar ou se esgotar para isso!

Vamos juntas?

Antes de me dar as mãos nesta jornada, saiba que tal busca passa pela autenticidade e coragem de nos expressar e sermos fiéis a nós mesmas em um mundo que nem sempre valoriza e facilita isso. É um ato de coragem e libertação abraçar nossa vulnerabilidade e integridade para falar com nossa própria voz, apesar dos ouvidos moucos de muitos e das forças antagonistas à nossa liberdade de escolha. Para mim, está valendo a pena percorrer esse caminho de descobertas, mas não quero fazê-lo sozinha, nem nestas páginas nem no balanço da vida... Quero convidar você a vir comigo!

Então, agora sim: se ecoou aí, me dê sua mão e vamos juntas!!!

## Para quem é este livro

Este livro é para todas as pessoas que se sentem sobrecarregadas, cobradas, insuficientes a maior parte do tempo e que querem redimir essa sensação e frustração. É para quem está cansada, por vezes exausta; que já entendeu que há algo de errado nisso e quer encontrar uma alternativa, um novo caminho. Você se identifica com isso? Então, este livro encontrou você!

Parafraseando Elisama Santos em seu livro *Vamos Conversar* (2023), quero deixar claro que estes escritos são um antimanual, porque, assim como ela, também não me sinto detentora de verdades ou inventora de um método infalível que você deva seguir passo a passo. Não sou especialista em equilibrar tudo para fazer a vida caber na vida. Sou uma "buscadora" que tem aprendido com teimosia e compartilha com coragem o que aprende enquanto aprende.

Escrevo este livro movida por um desejo profundo de tocar sua alma suavemente, convidando-a para refletir sobre limites e autocuidado, para dar um basta comigo naquilo que não alimenta o melhor de nós, o melhor para nós. Que tal um chega para lá nessas narrativas sistêmicas que acreditamos serem normais? Desejo um aprender e um transformar que sejam nossos, pertençam às nossas verdades e abracem as nossas complexidades. Por isso, de outra obra de Elisama, *Conversas Corajosas* (2021), eu presenteio você com uma reflexão:

"Não vamos falar sobre vidas perfeitas. Não vamos reduzir a felicidade a frases de efeito, meritocracia e força de vontade [...]. Somos amplos, imensos, e nenhuma definição universal de sucesso ou felicidade será capaz de abarcar toda a nossa complexidade." (Santos, 2021, p. 19)

Você se sente tocada ao ler isso? Então, este livro é para você!

Falando de alma, inspiro-me novamente em Alexandre Coimbra Amaral quando ele diz, em seu livro *Cartas de um terapeuta para seus momentos de crise* (2020), que quer conversar com a alma do leitor. Sendo alma uma palavra feminina, no feminino será tratada. Compartilho dessa ótica e, portanto, vou me direcionar a você no feminino nestas páginas, como já deve ter percebido. Que nossas almas se encontrem em um lugar de autenticidade, plenitude e beleza, que transcende os gêneros e sugere a liberdade de expressarmos quem somos. E que este livro seja um livro-colo, que traga bálsamo e refúgio para aquilo que inquieta a sua alma e que também seja um caminho de esperança, à medida que você avance pela trilha do C.A.B.E.R.

Com esse desejo, o compartilho com você!

# Sumário

## Capítulo 1
# Porque a vida não cabe em si

> *"A autoexploração é mais eficiente do que a exploração do outro, porque caminha de mãos dadas com o sentimento de liberdade."*
> *(Byung-Chul Han)*

Em março de 2020, com as primeiras medidas de isolamento e lockdown na pandemia da Covid-19, as ruas desertas, os comércios fechados, os hospitais lotados e as rotinas totalmente alteradas, precisei acompanhar empresas e atender pacientes clínicos a distância. Havia aquelas pessoas que estavam curtindo as delícias do home office com alívio e a esperança de que logo tudo voltaria ao normal, porém a maioria reclamava de cansaço e sensação de falta de tempo. Pacientes, mentorados, empresários e gestores repetiam a mesma coisa: tudo parece excessivo, acumulado, urgente, atrasado.

Àquela altura, curiosa sobre esse fenômeno da insuficiência crônica que eu sentia e via se alastrar por toda parte, comecei a questionar sua origem. Foi então que, pelas mãos generosas das sincronicidades da vida, tomou lugar na minha mesa de cabeceira o ensaio do filósofo sul-coreano radicado na Alemanha, Byung-Chul Han, *Sociedade do cansaço* (2015).

Na obra, ele explica que houve uma grande ruptura de paradigma com a chegada do Século XXI. Antes, vivíamos em uma *sociedade disciplinar*, caracterizada pelo "não", em que éramos regrados por proibições, mandamentos e convenções rígidas a cumprir. Assim, éramos sujeitos da obediência. Agora, vivemos na *sociedade do desempenho*, em que, segundo Han (2015, p. 20), "no lugar de proibição, mandamento ou lei, entram projeto, iniciativa e motivação". Nessa nova configuração, caracterizada pelo "sim, nós podemos", somos sujeitos do trabalho e do desempenho; e, com tal liberdade, acabamos explorando a nós mesmos.

A positividade excessiva, contida na liberdade que temos de decidir sobre nossas vidas, nos torna superativos e deprimidos, senhores e escravos de nós mesmos. Comparando os dois paradigmas e seus efeitos sobre nossa saúde mental, Han diz que a sociedade disciplinar, com toda sua negatividade, gerou loucos e delinquentes; contudo, a sociedade do desempenho, para a qual teoricamente evoluímos, vem produzindo depressivos e fracassados. Diz o autor:

> *"O depressivo é o inválido da guerra internalizada da sociedade do desempenho." (Han, 2015, p. 28).*

Ler isso foi como um soco no estômago! Sabe aquelas coisas que você sente e inconscientemente entende, mas ainda não havia conseguido verbalizar? Aí, de repente, você lê em um livro e pensa: *Uau, é exatamente isso, faz muito sentido!* Foi o que me aconteceu: olhei para minha rotina e para a vida das pessoas que andavam se sentindo exaustas e insuficientes e a ficha caiu. Ficou claro para mim que paira sobre todas nós essa narrativa do assoberbamento como sinônimo e caminho para a realização.

Nesse padrão de frenesi habitual, a noção de sucesso acaba por se confundir com uma rotina esvaziada de sentido, que torna inalcançável o tal equilíbrio. E, pensando bem, a busca por esse tal equilíbrio talvez seja um dos motores do assoberbamento. Será que, ao buscar equilíbrio a todo custo, não estamos, na verdade, inconscientemente, reforçando e mantendo os padrões de perfeccionismo da sociedade do desempenho?

Vejo isso acontecer frequentemente, por exemplo, na história de mulheres executivas, líderes ou empreendedoras. Muitas delas sentem que ter uma vida produtiva e de sucesso na profissão é sinônimo de viverem lotadas de coisas para fazer. E não apenas isso: com a sensação de que, se elas pararem, podem botar tudo a perder. Diante dessa perspectiva, se eu digo que tenho uma agenda cheia, que não tenho tempo para nada, que estou trabalhando de 12 a 14 horas por dia, há uma aprovação social, um status de sucesso. Tem-se a ideia de que: "Nossa, olha como ela é bem-sucedida, olha como ela é guerreira!". Porém, como é de se esperar, viver assim é insustentável, adoece a gente e, de maneira alguma, sacia nossas expectativas ou a dos outros a nosso respeito; e ainda nos dá uma dose extra de carga e pressão, ou seja, sobrecarrega.

Brené Brown fala com muita clareza, em *A arte da imperfeição* (2012), sobre a visão de sucesso que se conecta ao perfeccionismo:

> *"Perfeccionismo é um sistema de crenças autodestrutivo e viciante, que alimenta este pensamento primário: se eu parecer perfeito(a), levar uma vida perfeita e fizer tudo à perfeição, poderei evitar ou minimizar os sentimentos dolorosos de vergonha, crítica e culpa". (Brown, 2012, p. 87).*

Nessa perspectiva, o perfeccionismo tem normalizado a exaustão, trazendo como pano de fundo a certeza de que "nunca se é o suficiente, sempre é possível melhorar". E, muito embora carregue a narrativa e o desejo de nos livrar ou minimizar nossa culpa e vergonha, na verdade é justamente a expressão mascarada desses sentimentos tão dolorosos e nocivos. É um ciclo que se retroalimenta, mantendo e agudizando a dor a partir de uma conversa (e tentativa) para mitigá-la. Não há como dar certo. Essa equação não fecha e, pior, se tornou um paradigma sistêmico que ajuíza nossas escolhas e exige mais e mais de nós sempre e sem parar. Se você está cansada e diminui o ritmo, as pessoas lhe julgam por não estar "dando o seu melhor", por estar acomodada. Se você não casou, as pessoas querem saber quando é que vai casar; e, quando casa, começam a cobrar por filhos.

Você termina a graduação e lhe perguntam quando começará a sua pós; e, depois dela, quando iniciará o doutorado ou outra pós. Então, que hora você pode parar, usufruir, descansar e olhar para dentro de si? Que hora estará bom o bastante? Essas perguntas importantes e legítimas ficam soltas e sem resposta, porque, no sistema em que vivemos, pensar em suficiência parece conversa de autocondescendência, desculpa e autojustificativa.

É como se existisse um *jeito certo* de viver a vida, uma *época certa* de fazer cada coisa e atender às expectativas que os outros despejam em você. Existe uma pressão enorme, que vem de dentro e de fora, para nos enquadrar em estereótipos, arquétipos, modelos de vida, convenções sociais e culturais. E ainda a sensação constante de que não podemos parar. Mas quem determinou esses parâmetros?

Os enquadramentos sociais estimulam o mau hábito generalizado de estarmos a todo tempo nos comparando a outras pessoas e correndo atrás do tempo. Eu costumo dizer que essa comparação tem muitas vezes um requinte de crueldade porque, em geral, o que fazemos é olhar para aquilo que nos deixa inseguros, nos faz sentir vulneráveis, e comparar com alguém que brilha naquele aspecto em especial. Isto é, comparamos os nossos bastidores com o palco de alguém; algo que, é claro, nos faz sentir pequenas, inapropriadas, ativando ainda mais nossa sensação de fracasso. Justamente por isso precisamos correr tanto atrás (só não sabemos ao certo do quê!).

Essa pressão toda faz parecer que estamos sempre devendo à vida, que não somos suficientes e que nada do que realizamos é bom o bastante. E o que fazemos diante disso? Enveredamos uma busca desenfreada por algo a mais, um próximo passo que – aí sim

– fará com que nos sintamos melhor sobre nós mesmas. Então, passamos muito tempo buscando alguma coisa extraordinária, que nos torne especiais e infalíveis; e, quando fazemos isso, deixamos de celebrar as coisas ordinárias, os nossos meros sucessos diários. Buscamos o extraordinário como se houvesse um medo crônico de nos vermos como pessoas reais, como se ser normal fosse algo ruim e, logo, menos merecedor e valoroso. Brené Brown fala muito isso no livro *A coragem de ser imperfeito* (2016). Ela diz que andamos muito preocupados em sermos extraordinários, e essa busca desenfreada esconde em si a vergonha de sermos pessoas ordinárias. A minha questão é: nessa sociedade do cansaço, do espetáculo e do desempenho, querer viver simples e tranquilo, querer ser ordinário, virou sinônimo de fracasso e comodismo. Quando isso aconteceu? Por que isso é tão perturbador? Há algo errado...

Ao lotar nossas vidas de atividades, demandas e desejos extraordinários, sobrecarregamos nossa mente, nossas emoções, nossa alma. Vejo uma profunda inversão de valores nesse processo em que o autossacrifício é o caminho louvável para ser reconhecida como uma pessoa de sucesso. Hoje eu questiono muito isso, embora tenha me submetido a essa lógica por um longo tempo. Eu me via angustiada e tentava fazer mais coisas para me sentir capaz, produtiva, merecedora. Esse esforço, sem o resultado esperado, me fez adoecer. Assumi compromissos que não consegui honrar como gostaria, decepcionei pessoas, rompi com outras, sofri e fiz sofrer... E sabe o que é mais louco nisso tudo? Quando isso aconteceu, em um primeiro momento, me senti muito culpada e quis me comprometer ainda mais para mostrar que não era bem aquilo.

Eu também me senti cansada e insuficiente. Confesso que muitas vezes ainda me sinto assim, pois quem sou eu diante da força do paradigma que rege o nosso século?

O que posso dizer é que há uma grande dose de resiliência no processo de autoconhecimento e de autocuidado. Quando algo clareia, seja pela intuição ou pelo simples folhear de um livro, seja por um processo terapêutico mais estruturado, é preciso ter coragem para dizer: "Se isso não é meu, então posso falar '*peraí, quero reconsiderar!*'".

Sinto que precisamos ir ao fundo do poço às vezes para questionar crenças que cristalizamos e perceber o *status quo* que nos aprisiona em paradigmas doentios, nos fazendo questionar quem somos e duvidar da nossa competência e autoconfiança. No livro *A dança – acompanhando o ritmo do verdadeiro eu*, de Oriah Mountain Dreamer (2003), ela reflete:

> *"E se a questão não for por que é tão raro eu ser a pessoa que realmente quero ser, e sim, por que é tão raro eu querer ser a pessoa que realmente sou?" (Mountain Dreamer, 2003, p. 10).*

Então, como você se sente sobre isso?

Sacrificar nossa verdade e autenticidade tem sido uma barganha hercúlea, que nunca tem fim e que não gera jamais o resultado que desejamos. Não é algo efetivamente sustentável. Uma hora ou outra nos adoece. Mas, ainda assim, continuamos insistindo. Por isso, os processos de autoconhecimento e autoaprendizagem são tão necessários! Não podemos delegar para ninguém o nosso crescimento interior. Ao olhar seriamente para esse assunto, comecei a ressignificar o sucesso, substituindo a ordem interna de equilibrar para dar conta de tudo pela construção consciente de uma nova capacidade interna: a de balancear atividades e considerar a importância daquilo que realmente eu queria e precisaria caber na minha vida. *Trata-se do poder de escolher o que eu quero fazer caber na minha vida, e não de como eu preciso me moldar para caber em uma vida pré-estabelecida.*

Você já parou para pensar nisso?

Talvez esteja se perguntando agora por que normalizamos algo assim, que nos faz tão mal. Eu me perguntei isso, precisava entender porque simplesmente me encaixei onde fui encaixada. Onde estava a minha suposta liberdade? Onde eu realmente estava? Então me dei conta que temos chamado de normal o que, na verdade, é uma *normose*!

Normose? Mas, o que é isso?

Segundo os autores e cunhadores do termo, Jean-Yves Leloup, Pierre Weil e Roberto Crema, normose é "um conjunto de hábitos considerados normais pelo consenso social que, na realidade, são patogênicos e nos levam à infelicidade, à doença e à perda de sentido na vida" (2003, p. 19).

Juntando as duas coisas, ficou claro para mim que a sociedade do cansaço de Han apresenta um padrão normótico que nos leva à exaustão física e mental a ponto de evoluir, se nada fizermos, para quadros de doenças crônicas, como ansiedade e depressão. Segundo a Organização Mundial da Saúde (OMS), a depressão é "a doença do século XXI". Mais de 300 milhões de pessoas sofrem de depressão no planeta e, até 2030, será a doença nº 1 da humanidade. O Brasil apresenta o maior índice de depressão da América Latina: cerca de 5,8% da população brasileira sofre desse mal, infelizmente.

O cenário da saúde mental se tornou mais crítico com a Covid-19. De acordo com um relatório da OMS publicado em 2022, houve um aumento de 25% nos casos de depressão e ansiedade no primeiro ano da pandemia, mas a situação já era uma grande preocupação anteriormente. A OMS também revelou que, em 2019, quase um bilhão de pessoas no mundo apresentavam algum tipo de transtorno mental. As causas para esse quadro tão alarmante são diversas, passando pelas desigualdades sociais e econômicas, a crise climática, as guerras e a velocidade exponencial com que tudo está se transformando. Entretanto, uma grande parcela do adoecimento se dá pelas pressões às quais nos submetemos em uma sociedade focada no desempenho, na qual somos estimulados por narrativas motivacionais que nos levam a crer que podemos tudo, que vamos superar todas as expectativas se dermos o máximo e um pouco mais.

Uma coisa que aprendi nessa vida é que tudo que é excessivo adoece, vicia ou fadiga, mesmo que você goste bastante. E, quando o corpo e a mente começam a enviar sinais de esgotamento, costumamos dopá-los com antidepressivos, drogas, álcool e calmantes, ou estimulá-los artificialmente com doses cavalares de café e energéticos. Nenhum desses artifícios, porém, nos fará sentir que fizemos o suficiente e alcançamos o tal sucesso, ou o tal equilíbrio. Na verdade, nos sentimos livres, mas exaustos. E essa relação, em longo prazo, vai se tornando tão pesada que Han (2015) a nomeou de "violência exaustiva".

Achamos que nos livramos das algemas do século passado, mas será que estamos sabendo usar essa liberdade para sermos mais felizes? Ou será que estamos usando o livre-arbítrio irrefletidamente, nos escravizando, em vez de nos libertar das amarras? Nossa, como eu venho pensando sobre isso e buscando minha autenticidade para trilhar um caminho novo e mais consciente; tentando escutar a minha própria voz! E você, como se sente: livre ou aprisionada nos padrões impostos, nessa roda-viva que não pode parar, nessa armadilha do cotidiano?

Vejo posturas diferentes e igualmente preocupantes nesse cenário.

Existem aquelas pessoas que começam a achar que isso é normal, que a vida é assim mesmo. Elas se tornam apáticas, escondem sua dor e vão levando, desenvolvendo uma percepção enviesada da situação. Estão resignadas.

Existem também as que se anestesiam, param de sentir, criam uma couraça, vivem como zumbis, apenas segurando o rojão. Estão apáticas.

Outras que se culpam e autopunem, desenvolvendo uma percepção de que o problema está nelas e que não são mais capazes de segurar as rédeas da vida pessoal e profissional nas mãos. Estão autocentradas na dor.

Há também aquelas que se endurecem e mentem para si mesmas afirmando que basta você ser resiliente e forte para dar conta de tudo, e que essa história de assoberbamento é coisa de gente fracassada e cheia de *mimimi*. Estão aprisionadas no desejo de vencer dentro do sistema. Estão em negação.

E ainda há aquelas que são os azes do sistema, que se sentem especiais porque estão, sim, contribuindo com a sociedade, se esforçando sempre um pouco mais, com disciplina, garra e propósito, o que faz com que elas nem sintam que estão trabalhando. Fazem tudo isso com alegria e disposição. Estão presas na ilusão da superioridade.

Todos esses perfis normalizam a exaustão, seja por submissão, resignação, culpa, negação ou ambição, o que, a longo prazo, não há como ser saudável, nem mental, nem fisicamente.

Venho aprendendo que, ao negociarmos nossa autenticidade para caber em determinados ambientes ou padrões, acabamos perdendo nossa essência e nos esvaziando de nós mesmas. Quando mergulhamos e assumimos padrões, fica mais evidente essa perda. Precisamos estar atentas e despertar para nos desprender daquilo que não nos representa, nos permitir desocupar espaços que não fazem sentido e buscar a permissão interna para sermos verdadeiramente nós mesmas. E, olhe, precisamos fazer isso juntas porque sozinhas perdemos força e motivação no caminho. Sozinhas, torna-se inviável vencer tal inimigo sistêmico. Sozinhas, conseguimos até melhorar nossas vidas, particularmente. Mas, para ser sustentável, precisamos pensar (e atuar) juntas.

Cada vez fica mais claro dentro de mim a diferença entre o real pertencimento e a necessidade que muitas vezes sentimos de nos encaixar em moldes que aviltam nossa integridade só para nos sentirmos parte e cabermos naquilo que achamos que as pessoas esperam de nós. Esse caber não é um real pertencimento e não é o CABER que falo aqui neste livro. Abraham Maslow, um psicólogo americano que ficou famoso por mapear e hierarquizar as necessidades humanas, classificou o senso de pertencimento como uma das necessidades inatas e primordiais do ser humano, pois todos queremos fazer parte de uma comunidade, ser acolhidos, amados e respeitados. Mas o real pertencimento prescinde de um senso genuíno de conexão, em que você se sinta valorizada e amada por quem realmente é, sem precisar mascarar sua verdadeira identidade, opiniões ou valores para se encaixar.

Sei que paramos pouco para fazer esse tipo de reflexão, porque nos acostumamos a abrir mão de parte do que somos para sermos aceitos, e isso já foi normalizado em nossa sociedade. Por exemplo, quando nos sentimos inseguros, em especial na juventude, é comum que adotemos opiniões populares, mesmo que não compartilhemos totalmente delas, mesmo que nem saibamos o suficiente sobre elas. Somos levados a nos adaptar frequentemente, motivados pelo medo da exclusão, da solidão ou do julgamento e também balizados pelo desejo de pertencer àquilo que admiramos, que achamos interessante. Mas, a tentativa de nos encaixar não nos traz o que realmente queremos e precisamos. Ela reflete o falso pertencimento que ocorre quando nos esforçamos para nos encaixar em um molde de conexões não autênticas.

Uma coisa que comecei a fazer, então, foi questionar se um padrão vindo de fora se afinava com quem sou, com a minha integridade. Observava (e ainda hoje observo) o que eu sentia em alguns encontros, com alguns grupos, com alguns tipos de conversa... Essas são pistas para ver o que realmente me fazia (e faz) sentido, o que não e o porquê. É um jeito de sair do modo automático, perguntando-se honestamente se estar ali, com aquelas escolhas e interações, respeita quem você é e lhe traz genuíno pertencimento.

> Se sua verdade precisar ser ocultada e sua natureza, sacrificada, a coragem de dizer "não" é o que você pode fazer de mais autêntico por você!

Eu sei que isso não é fácil. Somos seres gregários e relacionais; as relações nos constituem e precisamos delas. Além disso, não somos seres acabados e prontos. Estamos sempre, enquanto vida tivermos, nesse movimento contínuo de vir a ser, nos tornando quem somos dia a dia. Às vezes, no decorrer da vida, não temos clareza do que queremos. Até porque estamos nos descobrindo e nos tornando ao longo do caminho. Por isso, cuidar do seu pertencimento é um olhar diário que tem a ver com reconhecer seus confortos e desconfortos, que tem a ver com olhar fundo os seus porquês, mesmo que eles mudem ao longo da jornada. Esse é um posicionamento que precisamos desenvolver se quisermos construir relacionamentos e conexões saudáveis, em que a diversidade é valorizada e as pessoas são amadas pelo que são, e não pelo que se moldam para ser. Isso, sim, é o verdadeiro pertencimento, partindo da premissa de que é preciso pertencer primeiramente a si mesmo, se aceitar e se reconhecer com amor-próprio e autocuidado para, a partir daí, pertencer a qualquer outro contexto.

Eu tenho escolhido fazer essa jornada diariamente. Às vezes sinto que consigo, às vezes falho miseravelmente. Aí, vivo o luto, choro, me debato um pouco, busco meus apoios, me recomponho, reajusto a rota e recomeço o processo de decidir pertencer a mim mesma cada vez mais antes de pertencer a qualquer outro espaço ou comunidade. Relembro quem sou, o que tenho me tornado e o que quero para me reconectar com meus valores. E, então, decido, mais uma vez, me respeitar e considerar em primeira mão o meu propósito, o meu ritmo, meu amor-próprio, antes de me submeter ao que os outros esperam de mim. Proponho-me a fazer esse exercício diário de lembrar de colocar a máscara de oxigênio primeiro em mim, pois preciso estar bem para cuidar dos meus filhos, dos meus pacientes, dos meus clientes, da minha família e dos meus amigos. Às vezes, nesse processo, me rasgo, sangro, me demoro um pouco mais do que gostaria, mas sigo em frente.

Ainda é um mar revolto que vou surfando, e por vezes sou jogada de volta à areia. Isso envolve sustentar o desconforto de desagradar, a coragem de se escutar e reconhecer suas necessidades, e a ousadia de falar sobre elas em voz alta, mesmo quando não esteja em ressonância com o que os outros estão dizendo, querendo ou pensando. Envolve conhecer seus pontos negociáveis e inegociáveis e a sua capacidade de ser flexível e generosa consigo quando você erra ou não dá seu melhor. E tudo isso, mesmo sendo complexo e intenso, muitas vezes é lindo e soa para mim como liberdade e força genuínas. É a construção do seu posicionamento. E, cada vez que você consegue, fica mais claro contra o que está lutando, mais claro o caminho que está desenhando para si, e você vai se fortalecendo, erguendo sua cabeça e sua voz.

Para mim, hoje, quando me sinto sugada por esse mar revolto de novo, repetindo padrões que não quero mais, buscando o pertencimento do lado de fora ou me esforçando para caber nas expectativas dos outros, tento pausar tudo dentro de mim e busco me conectar com a "bússola" que me ajuda a reencontrar o caminho de volta para casa, para a minha integridade. É essa bússola que desenvolvi, ao longo da minha trajetória, que quero compartilhar com você neste livro, com o desejo de que ela também lhe sirva nos seus momentos de mar revolto.

Ela me lembra de que não preciso me escravizar nem me martirizar e me aponta um norte, acionando a minha *coragem*, a minha *autenticidade*, o meu *autoconhecimento autocompassivo*; fortalecendo a minha capacidade de *balancear* as prioridades com *empatia*; e *recomeçar*, *recomeçar* e *recomeçar*, quantas e tantas vezes forem necessárias, ao lado das pessoas com quem caminho.

Perceba nas iniciais dessas palavras o acrônimo C.A.B.E.R., que compõe o título deste livro. Ele, mais do que uma bússola, é a luz de lamparina* que apresento a você, como uma alter-

* Digo lamparina porque não pretendo aqui acender uma luz de holofote que lhe aponte um caminho único, mas sim acender com você uma luz que, uma vez que

nativa à exaustão e à culpa que a normose e a sociedade do cansaço nos imprimem. Mas, para usar essa lamparina, antes, é preciso se perguntar: que vida estou vivendo? Uma vida que me inclui e faz sentido para mim, ou uma vida que foi prescrita e pré-formatada pelos outros?

Se fazer essa pergunta agora é um bom ponto de partida para que você encontre a sua própria chama. É ela que vai acender essa lamparina. E, assim, com a lamparina acesa e sempre em mãos, vamos começar nossa jornada e driblar as regras da sociedade do cansaço, em uma proposta contracultural e de reencontro com sua saúde e com aquilo que é sustentável para você. Quando você se tornar maestra das suas escolhas, poderá desconstruir o conceito idealizado de vida equilibrada – essa corda bamba na qual você se equilibra e tenta dar conta de tudo ao mesmo tempo sem perder a pose – para construir uma vida que realmente faça sentido para você!

## O palco do extraordinário

Quando, na década de 1980, o sociólogo polonês Zygmunt Bauman (2001) cunhou o conceito de "modernidade líquida", a internet engatinhava e os celulares nem existiam. Porém, as relações entre as pessoas e os padrões de consumo já demonstravam grandes transformações no processo chamado globalização. O mundo se mostrou volátil e incerto e as pessoas passaram a valorizar mais o efêmero, o imediato e o superficial. As relações se tornaram líquidas e pensar em longo prazo pareceu não fazer mais

---

mantenha em suas mãos, sempre perto de você, iluminará o suficiente para lhe dar a segurança necessária e nortear seus próximos passos.

sentido. Os tempos se tornaram líquidos. Tudo muda tão rapidamente que nada é feito para durar, para ser sólido.

Essa é uma característica da sociedade de consumo que ficou cada vez mais forte com a virtualização da vida humana. Então, a gente aprendeu a medir o valor das pessoas pelo que elas têm e desfrutam ou aparentam desfrutar. Eis a normose na qual existem as pessoas de sucesso e os "consumidores falhos", aqueles que são colocados (e se sentem) à margem do sucesso, sendo rotulados pelo sistema como incapazes, insuficientes e inábeis. Como o pertencimento é um desejo inerente ao ser humano, começamos a nos esforçar cada vez mais para alcançar um status satisfatório, mesmo que o preço disso seja nos tornarmos avatares de nós mesmos e farsantes da nossa verdade.

Esse cenário, apontado por Bauman (2001), juntamente com a sociedade do cansaço e a normose (isso sem falar especificamente do patriarcado, que por si só já daria um livro e que é parte central dessa problemática e está engendrado e se beneficia desses conceitos), tem feito de nós, mulheres, os seus maiores alvos. Somos as pessoas que mais sofrem com isso, pois fomos ensinadas e moldadas a nos cobrar excelência em todos os nossos papéis e ainda a achar que "não fizemos nada demais", que não fizemos mais do que nossa obrigação.

Falamos de narrativas sistêmicas que foram forjadas e reforçadas por muito tempo em nossa sociedade, porém precisamos olhar também para essas novas narrativas dos tempos líquidos, um fenômeno gigantesco que mudou a forma como nos comunicamos, consumimos e nos relacionamos uns com os outros e com o mundo.

A virtualização da vida e a perfeição forjada nas redes sociais têm tudo a ver com o que estamos conversando. Elas estimulam o perfeccionismo, a comparação, a inveja e a exaustão ao colocar o extraordinário como o deus do sucesso. A vida ordinária e as coisas simples do cotidiano perdem-se em meio aos jargões que dizem que você pode (e deve!) ser sempre melhor, mais incrível, mais perfeita a cada dia e traz, ora de forma explícita, ora de forma implícita, a ideia de que só assim se tornará digna de amor, reconhecimento e valor. Essa é a conta que não fecha e nos coloca em uma sinuca de bico.

Muitas de nós costumam reforçar isso, selecionando os melhores ângulos de fotos para postar, não importando se tivemos um dia péssimo, se estamos exaustas e aflitas com vários problemas. Tentamos parecer com aquelas pessoas de sucesso e sonhamos ter a vida que elas têm. E, pior: acreditando que o que vemos nas postagens são exemplos de uma vida equilibrada e perfeita.

Mas será que são realmente equilibradas e perfeitas?

Com todo esse estímulo e essa cobrança por alta performance, as redes sociais se tornaram um superestimulante do assoberbamento. Sempre há alguém – um coach, um influenciador, um ídolo das telas, um atleta medalhista, um guru – insinuando que você não tentou tudo, que você pode fazer mais, que seus resultados precisam ganhar outra escala; "empoderando" você para extrapolar seus limites e acelerar o ritmo. E, veja, minha crítica aqui não é a qualquer profissão ou história pessoal, mas sim a esse estímulo desenfreado e ilusório que faz você pensar que está na sua conta, que você pode e precisa de sempre mais e mais.

> O extraordinário já não é uma opção,
> tornou-se uma obrigação.
> E não o almejar é fracassar.

Faça um teste: como você se sente quando alguém que segue, que a princípio lhe inspira, posta frequentemente vídeos acordando às cinco da manhã, tomando banho gelado, fazendo atividades físicas, trabalhando incansavelmente, fazendo a viagem dos sonhos com seu amor, cuidando dos filhos, todos educados e felizes? Isso inspira você ou causa ansiedade? Ou um misto dos dois?

Acreditamos (erroneamente) que só seremos dignas de suprir nossa necessidade se entrarmos nesse jogo. Aliás, entramos sem sequer refletir. Ele nos envolve desde muito pequenas, antes de podermos opinar, com mensagens explícitas ou subliminares que ditam o que podemos ou não fazer, deixando claro o "nosso lugar", o que podemos e devemos (ou não) almejar, com a recompensa de sermos (ou não) reconhecidas e amadas. Aprendemos que só nos tornamos merecedoras quando nos encaixamos nessas expectativas. Isso custa muito caro: custa a nossa vida, custa a nossa saúde, custa a nossa autenticidade e integridade!

Sei que nem tudo é assim nas redes sociais: existem muitos conteúdos valiosos para nosso autoconhecimento e aprendizado; existe também entretenimento, conhecimento, arte e espiritualidade. Então, precisamos entender esse universo por duas óticas: como consumidoras, a questão é se temos disciplina e força de vontade para garimpar aquilo que acrescenta valor a quem somos e o que precisamos em cada momento da vida; já como produtoras de conteúdo, a questão é se estamos reforçando essa narrativa, repetindo o mesmo padrão de vida perfeita, beleza e sucesso que nos escraviza em um submundo de comparações e meias verdades ou se estamos gerando um conteúdo genuíno que se torna instrumento de vida para outras pessoas.

A gente precisa pertencer a um mundo real e humano, e não a um mundo perfeito e ilusório.

Nesse ponto, cito uma fala que meu pai, Homero Reis, sempre diz: "não vivemos em mundos perfeitos, vivemos em mundos possíveis."(Reis, 2015, p. 20) Que tenhamos isso em mente quando formos tentadas a nos comparar a outras pessoas. Esta é a hora de ajustarmos o azimute de nossa bússola para o centro e protegermos a chama da nossa lamparina para que elas nos ajudem a retomar o caminho de volta.

# Capítulo 2
# A Mulher-Maravilha e a Mulher Invisível

Agora, a conversa é explicitamente com você, mulher! Como mulheres, especialmente nesse cenário que desenhamos, fomos ensinadas a ter que dar conta de tudo. Não podemos falhar. E, embora possa ser uma ideia bem sedutora, ela não se sustenta na prática e, repito, tem nos adoecido. Baseadas nessa premissa – de que o "certo" é darmos conta de tudo e ainda fazer isso como se não estivesse nos custando nada – às vezes até nos sentimos invencíveis. Mas tal sensação dura pouco, porque não somos assim: precisamos de pausa, precisamos respeitar nossos limites e, em geral, precisamos de ajuda para dar conta de tudo que temos a fazer. Há vezes em que precisamos, simplesmente, não fazer, reconhecendo nosso limite e criando um vácuo de tempo para um freio de arrumação.

Pare um pouquinho e pense comigo: quantas vezes você se sentiu mal emocionalmente e não parou para se cuidar? Se viu na armadilha da sua própria vida, assoberbada de afazeres, sem conseguir encontrar o fio da meada? Colocou tudo e todos em primeiro lugar, fez o impossível na busca contínua de atender as necessidades dos outros? Vestiu o traje da Mulher-Maravilha tentando dar conta de tudo?

Se em alguns momentos da vida você se vê neste lugar da Mulher-Maravilha, é possível que em outros se sinta no lado oposto: invisível e solitária, perdida em um limbo de reconhecimento e sentindo que não pertence a lugar algum. Ainda em transição entre os paradigmas que aprendeu e suas descobertas conscientes – que impulsionam você a buscar novos caminhos e a abraçar o que seu coração grita –, você é julgada e relegada a um não lugar, um espaço de invisibilidade.

Invencível e invisível: duas facetas de uma mesma formatação imposta à mulher dentro desse sistema. São duas faces da mesma moeda, porque, ao procurar parecer invencível, acabamos nos invisibilizando (ou somos invisibilizadas), jogando para debaixo do tapete nossas sombras, dores e tudo aquilo que achamos feio em nós, ainda que seja parte de quem somos. Isso faz com que nos sintamos perdidas, nos fragiliza e cria uma cisão em nossa integridade: ora nos sentimos Mulheres-Maravilha, ora somos invisíveis. Onipotência e impotência em uma dança ambivalente, que nos ocupa e nos priva do que é real.

Se você se sente assim, calma, é por isso que está lendo estas páginas. Você já escutou o chamado de sair deste lugar e se autorizar a trilhar o caminho de volta para você. E não precisa fazer isso sozinha: estamos juntas!

Vamos olhar para esses dois "fardos" femininos para poder desconstruí-los em nós?

## A Mulher-Maravilha

Tem um post que vira e mexe alguém me manda ou me deparo e que sempre me faz refletir sobre o quanto nos cobramos e tentamos equilibrar todas as demandas e necessidades da vida. Ele mostra a Mulher-Maravilha dos quadrinhos chegando em casa exausta e, à medida que ela tira sua armadura de heroína, aparecem as feridas e os machucados em seu corpo, revelando a mulher por trás daquela personagem infalível.

Todas nós usamos, em alguma medida, armaduras e personas para nos adequar aos contextos sociais. Nas minhas palestras, costumo brincar com a analogia dos sapatos para ilustrar um pouco disso. Nossos sapatos dizem muito sobre qual persona estamos usando em cada momento e o papel que exercemos. Se estou indo dar uma palestra em um evento de lideranças, calço meu salto alto, evocando a imagem da autoridade e do profissionalismo que preciso passar. Porém, se estou indo bater perna em um sábado à tarde, caminhar pela cidade, calçarei certamente um tênis bem confortável; mas, se o contexto for brincar no parquinho com meus filhos, estarei descalça, bem moleca!

Cada persona social expressa um pedaço de quem somos, mas não nos define. São partes de nós, são papéis que representamos nos ambientes onde interagimos com outras pessoas. O problema não está em exercê-los, respeitando os códigos de conduta do meio em que vivemos, está em "nos confundirmos com os sapatos" ou usarmos sempre os mesmos pares para toda e qualquer ocasião, nos enrijecendo em papéis e acreditando que são eles que nos empoderam.

Aproximando a analogia dos sapatos da Mulher-Maravilha, a gente extrapola, porque não estamos falando apenas de suas botas, mas do traje como um todo. Da fantasia de sermos invencíveis, autossuficientes, de darmos conta de tudo sempre; da fantasia de sermos (ou de precisarmos ser) heroínas. E – pior! – atribuímos à fantasia o poder, acreditando que, sem ela, não seremos nada.

Isso é muito perigoso, porque nos identificarmos nesse nível com a fantasia de heroína descaracteriza nossa essência e nos desconecta de quem somos e dos nossos valores. Assim, corremos o risco de nos perdermos de nós! Se nos sentimos obrigadas, mesmo que inconscientemente, a ser heroínas, extrapolando continuamente nossos limites físicos e emocionais, é hora de parar e repensar o porquê e o para quê agimos assim. É hora de tirar a fantasia! Fácil não é, sei bem disso, mas é necessário, caso queira trilhar o caminho de volta para si, para o seu centro.

Uma outra maneira de seguir usando a fantasia da Mulher-Maravilha, sem que sequer perceba, é alimentar a crença de que você nunca é suficiente e nem pode parar para descansar.

A grande maioria dos atendimentos que faço no consultório e na mentoria de mulheres líderes já há alguns anos é de mulheres que se sentem assim. Elas acumulam muitas responsabilidades e sentem que não conseguem oferecer o que gostariam em qualquer uma de suas dimensões. O tal equilíbrio entre a vida pessoal e profissional. Segundo elas, não estão sendo boas mães, poderiam melhorar (e muito, é o que dizem!) como profissionais, precisam se dedicar mais a suas relações afetivas e são a última prioridade da sua lista quando o quesito é autocuidado. E mesmo aquelas que já se julgam um pouco melhor, que acreditam serem boas em alguns desses papéis, ainda se sentem aquém e acham que "precisam equilibrar melhor essa equação". É a busca pelo equilíbrio entre a vida pessoal e profissional, sempre almejado, nunca alcançado. O interessante é que, muitas vezes, os resultados que alcançam mostram que todas elas estão se saindo bem na maioria das áreas da vida, na maioria do tempo. Mesmo assim, quando tentam tirar a fantasia, paira uma sensação de insuficiência que gera ansiedade e um certo vício de não parar nunca. Se você sente culpa quando não tem qualquer obrigação para cumprir por meia hora em um dia, pode estar sofrendo desse mal. Porque, *na mesma medida que normalizamos a exaustão, também desaprendemos a descansar*. Aliás, podemos? Com a fantasia da Mulher-Maravilha, o descanso não tem lugar.

Um conjunto de disparidades históricas entre gêneros sustenta essa cobrança exacerbada em relação ao desempenho das mulheres e agrava nosso sentimento de insuficiência. Nós estudamos, lutamos por igualdade e começamos a assumir os espaços públicos e a trabalhar bastante neles. A gente gritou e disse basta aos padrões do machismo estrutural (e seguimos nessa luta, ainda temos um longo caminho). Mas a gente não negociou os espaços privados: a gestão do lar, as atividades domésticas, a rotina dos filhos, tudo isso continua recaindo na maior parte das famílias, ainda hoje, sobre as mulheres. Fora de casa, arregaçamos as mangas e estamos galgando espaços, mesmo que haja muito a se fazer no que diz respeito à equidade de gêneros. Contudo, o mais difícil ainda é a relação dentro de casa, quando acaba recaindo sobre nós todo o gerenciamento do lar e vários outros papéis, como ser cuidadora dos pais quando envelhecem, da educação e dos valores dos filhos, ser a pessoa que leva ao médico, que ministra os remédios e vai conversar quando intui que um filho está com problemas.

Antes mesmo de nos vermos em primeira pessoa, já fomos ensinadas a ser cuidadoras e a significarmos a nós mesmas a partir das nossas relações: filha, esposa, mãe... Tudo isso, parece vir antes do ser "eu". Esse kit é um trabalho invisível e pouco reconhecido que cansa (e cansa muito!). Sim, parte disso é responsabilidade nossa e esse é justamente o motivo pelo qual estou problematizando o assunto, para que possamos seguir conversando e construindo novas possibilidades. Um dos pontos que trago para reflexão é ser especialmente difícil para nós reconsiderar esses trabalhos e gerenciamentos domésticos justamente porque, ao longo da história, fomos ensinadas que este é o significado primeiro de "ser mulher", e este foi um dos poucos lugares onde nosso poder e olhar foram legitimados (claro que de forma bem conveniente, se pensarmos que a economia do cuidado sustenta todo o sistema em que vivemos). É algo a se pensar...

A outra questão, intimamente relacionada à anterior, é que não fomos ensinadas nem autorizadas a descansar. Culturalmente, aos homens é permitido o descanso. Eles se sentem absolutamente confortáveis em sentar no seu sofá, tomar sua cerveja com os amigos, fazer seu *networking*, falar: "Não, esse dia eu não posso porque é o dia do meu futebol". Às mulheres, não. Nos sentimos inúteis ou culpadas quando não estamos contribuindo com algo ou alguém. Nos sentimos culpadas quando nos priorizamos. Não somos autorizadas a dizer "não". E, quando dizemos, somos vilanizadas, julgadas, tidas como egoístas ou negligentes. Ou seja, a gente descansa carregando pedra, como diz o ditado popular. E, mais uma vez, por medo de sermos julgadas, respiramos fundo e seguimos vestindo a fantasia da Mulher-Maravilha, naturalizando essa quantidade exorbitante de afazeres.

Cabe aqui uma ponderação importante. Não estou dizendo que é errado você cuidar da família ou assumir essas atividades se isso faz parte de você, dos seus valores. A questão não é essa. Também ficarei feliz em saber se sua realidade for diferente disso, se na sua casa há uma real parceria, com respeito e cuidado mútuo. Isso é ótimo e é o desejo de muitas de nós. O caso é que a reflexão que estou propondo aborda uma maioria, e não é sobre a tarefa em si, e sim sobre o "lugar emocional" a partir do qual se está fazendo tudo: se é para agradar aos outros ou cumprir um papel social imposto de fora para dentro em detrimento de si mesma; se você sente que não tem escolha ou se é uma expressão genuína de quem é. Se há sacrifício contínuo e lhe causa sofrimento e exaustão, é hora de repensar.

Devemos repensar porque esse descompasso gera sobrecarga, e não sou só eu quem diz isso. As medições sobre o uso do tempo, realizadas pelo Instituto Brasileiro de Geografia e Estatística (IBGE), mostram que nós mulheres dedicamos o dobro de horas semanais para os trabalhos domésticos em comparação aos homens: enquanto os homens gastam 11 horas, nós gastamos 21,4 horas em média. Como é uma questão cultural, achamos normal e casual o tempo que dedicamos às responsabilidades invisíveis, e por isso, até mesmo no Censo, muitas mulheres sequer contabilizam essas horas em suas respostas. Recentemente vi uma pesquisa das universidades federais do Rio Grande do Norte (UFRN) e de Minas Gerais (UFMG) que concluiu que os serviços domésticos não remunerados (os invisíveis) estão sendo subnotificados no Brasil, e que a carga real dedicada pelas mulheres a essas tarefas pode ser até 60% maior do que a declarada, dependendo da faixa etária e da região.

Fiquei positivamente surpreendida e feliz ao saber que o tema da redação do Exame Nacional do Ensino Médio (Enem) de 2023 foi "Desafios para o enfrentamento da invisibilidade do trabalho de cuidado realizado pela mulher no Brasil". A escolha do tema trouxe à tona esse problema, instigando os 4 milhões de inscritos a refletir sobre as causas, as consequências e os desafios dessa invisibilidade. A cientista política Joan Tronto formulou o termo "economia do cuidado" em 1993 para destacar a importância do trabalho de cuidado para o funcionamento da sociedade. A questão é que essas atividades não são vistas como trabalho, e sim como obrigações envolvidas em afeto; e, por ser assim, ficam invisibilizadas.

Fui buscar dados para ilustrar essa percepção e fiquei ainda mais alarmada com o que encontrei. A pesquisa da *Oxford Comittee for Famine Relief* (Oxfam), realizada em 2023, mostra que quase dois terços das horas de trabalho das mulheres são excluídas do Produto Interno Bruto (PIB) dos países. Segundo o estudo de abrangência global, o trabalho não remunerado de mulheres e meninas alcança um valor estimado de US$10,8 trilhões ao ano, o que dá mais de três vezes o valor da indústria de tecnologia do mundo. Ainda de acordo com a Oxfam, "mulheres acumulam pelo menos 380 bilhões de horas por mês em atividades de cuidado não remuneradas. Por ano, esse montante chega a 4,6 trilhões" (p. 20). Segundo a organização, "se ninguém investisse tempo, esforços e recursos nessas diárias essenciais, comunidades, locais de trabalho e economias inteiras ficariam estagnadas".

No Brasil, projeções baseadas na Pesquisa Nacional por Amostra de Domicílios (PNAD) refletem que, se essas atividades fossem contabilizadas no cálculo que estima a geração de renda no país, equivaleria a cerca de 11% do PIB. Olhar para todos esses dados nos remete de novo aos desequilíbrios normalizados culturalmente, e é por isso que sequer nos damos conta do quanto trabalhamos em tarefas não remuneradas todos os dias e o quanto isso contribui para o sentimento de exaustão que nos abraça. Esse é um tema que precisamos seguir conversando para transformar e cuidar.

Precisamos reconhecer que, para muitas de nós, é difícil abrir mão do espaço doméstico. Construímos várias justificativas, afirmando, por exemplo, que esse é o papel da mulher ou que os homens não darão conta do recado com a mesma eficiência, ou pelo menos não do nosso jeito. É bom gastar um tempo e, com honestidade, refletir se isso de fato ocorre, porque, se assim for, é preciso desconstruir esse preconceito e observar o que acontece nos novos formatos familiares, nos quais muitas vezes o homem assume ou divide as tarefas domésticas e a educação dos filhos. Eles dão conta do recado quando a necessidade se impõe e o casal consegue construir uma relação baseada na parceria que suplanta a lógica da divisão do trabalho de acordo com o gênero. Assim, se permitem construir uma lógica relacional que faça sentido para os dois e para sua unidade familiar, mesmo que isso confronte paradigmas tradicionais e gere possíveis desconfortos ao seu redor. Infelizmente, isso ainda está longe de ser a regra, mas quero crer que já aponta para um caminho, uma possibilidade.

Na minha própria vida, em um momento muito importante, esse caminho que hoje vislumbro não foi possível. Às vezes a vida nos convoca e nos pega de surpresa, e nesses momentos o único recurso que você tem é usar a fantasia da Mulher-Maravilha... Foi o que eu fiz.

Quando meu filho Gael tinha 1 ano e 10 meses e a Nolah apenas 2 meses, meu casamento entrou em crise e a separação foi inevitável. Meu então marido saiu de casa e eu me vi, de repente, com dois bebês e uma renda de autônoma instável. O chão se abriu e minhas emoções se embaralharam entre a alegria de ter sido mãe recentemente outra vez, o puerpério, a dor da separação e o medo do que viria a seguir. Eu me senti muito frágil naquele momento! Havia tristeza, insegurança, mágoa, raiva, incredulidade...

Passei por todas as fases do luto dessa separação tentando cuidar minimamente de mim e proteger meus filhos, que ainda eram tão pequenos e dependentes. Eu precisava arranjar um jeito de estar de pé e o mais inteira possível por eles. Nesse processo, teve uma cena que se tornou emblemática para mim e até hoje me emociono ao me lembrar dela. Aquele foi o dia em que voltei a trabalhar em meio a um turbilhão: tirei a camisola de amamentação e coloquei a minha roupa de trabalho uma semana após ele sair de casa. De um lado, meu filho Gael, pequenino, vestido com a roupinha da creche, segurava na minha mão; do outro, Nolah, minha filha, bem bebezinha ainda, no exato dia em que ela fazia 3 meses, no bebê-conforto; bolsas e mochilas à tiracolo. Gael iria para creche que já frequentava e Nolah iria para o trabalho comigo, realidade que se fez necessária. Saí de casa com os dois, chamei o elevador e, ao abrir a porta e entrar, me deparei com uma imagem que não me sai da cabeça até hoje. Vi nós três refletidos no espelho do elevador. Parecia surreal aquela cena. Por dentro eu estava em caquinhos e, por fora, usando todas as minhas forças para seguir em frente e "fazer o que precisava ser feito" para continuar nossa vida e gerar o necessário sustento. O elevador descendo, eu fixada na nossa imagem refletida e dizendo a mim mesma, em meio a um turbilhão de medo e incertezas, que tudo ia ficar bem, que agora éramos nós três e que tudo iria funcionar.

Naquele momento, meus filhos precisavam muito de mim; e eu me sentia cansada, sobrecarregada e com muito medo do futuro. Mas, ao mesmo tempo, eles foram a força motriz da minha coragem e atitude para vencer quaisquer desafios que viessem. Eles foram minha motivação, alegria e saúde. E foram eles quem me ajudaram, só por existirem, a buscar o caminho de volta para mim.

Inclusive agora, pensando melhor, percebo que a força que me fez levantar e seguir em frente, que eu atribuía à Mulher-Maravilha até este instante, na verdade é a força mais profunda que há em mim, que eu nem sabia que tinha até passar por aquilo. Não quero dar à fantasia da Mulher-Maravilha esse poder, porque há algo muito maior que isso, algo meu. Reconheço isso agora, diante de você que me lê, à medida que escrevo. Isso me emociona e me toca! Reconhecer as nossas forças em meio às nossas maiores dores toca fundo! É uma ressignificação que transforma todo o nosso olhar, que gera cura!

Aprendi que, quando as coisas ficam nebulosas, um dos meus jeitos de lidar com a situação é buscar as pessoas da minha vida, minhas companheiras de jornada, irmãs e irmãos de alma. Independentemente do tamanho dos meus buracos, essas pessoas me são sempre refúgio e porto seguro. E foi isso que eu fiz quando o turbilhão aconteceu. A cada uma delas, minha eterna gratidão!

Quando fiz esse movimento de buscar refúgio para lidar com o que me inquietava, constatei que aquela dor, aquela sensação de solidão e desamparo (mesmo tendo essa rede potente por perto), não era só minha: era compartilhada com muitas outras mulheres. Ficou claro para mim que a dor precisava de um espaço para ecoar, precisava ser curada em outra escala e que precisávamos umas das outras na jornada. Precisávamos tirar as capas umas das outras para reconhecer a força potente que vem de dentro.

Também aprendi que o meu processo de cura passa por ser instrumento de cura na vida de outras pessoas. Então, nos tempos e nas brechas possíveis, eu fui estudar, tentar compreender, conversar com pessoas que passaram por algo similar para beber de sua sabedoria e experiência. Fui conversar com minhas amigas de alma, com minha família; fui orar, praticar a minha fé, mesmo que naquele momento ela estivesse bem abalada. Fiz tudo isso e também terapia, meditação e retiros de cura, mergulhando no autoconhecimento para restabelecer as energias e não me perder pelos caminhos da culpa, da mágoa ou da resignação. E trabalhei muito, sendo profissional e mãe e seguindo a vida. Cada dia, um dia.

Naquela época, ao mesmo tempo em que todo esse movimento da minha vida acontecia, recebi várias pacientes novas no consultório e, não à toa, adivinhe qual era o tema dos seus sofrimentos? Sim: relacionamentos, separações e maternidade. Enquanto eu estava ali por elas, elas também estavam por mim, sem nem imaginar o quanto acompanhá-las no seu processo de descoberta me auxiliou no meu próprio processo. E pela jornada me dei conta de maneira visceral do quanto essas dores são comuns. Já sabia teoricamente disso, mas pude comprovar empiricamente pela prática clínica e ao presenciar as dores das mulheres no espaço corporativo; foi fundamental vivenciar na pele para ter a certeza da importância de falarmos sobre tudo isso, abrindo espaço para uma troca efetiva com outras mulheres, uma troca mais real e menos idealizada, uma troca com mais empatia e colo e com menos dedos em riste e julgamentos. Pensei então:

Ninguém precisa se sentir sozinha nesses processos! E todas nós merecemos e precisamos de companhia para enfrentar nossas dores e os tempos difíceis!

Além disso, também tenho outra premissa: acredito que tudo aquilo que nos acontece é para que possamos ser instrumento de vida e cura para outras pessoas. Acontece para que possamos compartilhar e apoiar outros que venham a passar por isso, que já passaram e estão tentando se reconstruir, ou para que não precisem passar e que consigam "farejar" (palavra que gosto de usar para construir uma analogia sobre buscar e perceber os sinais) e agir com sabedoria antes que aconteça.

Movida por essas premissas e propósito, comecei a desenvolver programas voltados a mulheres. Primeiro veio o *Vem ser mulher*, no qual eu trabalhava com as mulheres o empoderamento a partir de um profundo reconhecimento de quem elas eram, das suas verdades e das suas autenticidades. Foi um processo maravilhoso, belíssimo e profundo. Ao longo dele, fui me dando conta de que, enquanto eu construía espaços de fala, acolhimento e cura para aquelas mulheres, também me sentia acolhida, apropriada da minha voz que se descortinava em cada encontro e me curava. Esse programa saiu do forno quando minha filha caçula fez 1 ano e meio, mais ou menos. Eram *workshops* interdependentes e bastante vivenciais. Mergulhamos nos quatro arquétipos do feminino: a guerreira, a mãe, a donzela (e a amante) e a velha sábia. Em cada encontro, eu levava conteúdos, vivências profundas e construía com essas mulheres um espaço seguro de fala e de partilha para que elas pudessem revelar suas dores e experiências, redescobrindo caminhos de refazimento e se sentindo mais fortalecidas. Construímos uma rede linda! Umas pelas outras, honrando o que surge de mais belo e poderoso quando nós, mulheres, estamos juntas!

Pude me observar amorosamente ao ter contato com aquelas mulheres que viviam realidades tão diversas e tão próximas à minha, sentindo-se insuficientes, esgotadas, culpadas e impostoras, mas também sendo potentes, cheias de vida, coragem e força. Ao voltar a atenção para elas, foi como espelhar a mim mesma e poder olhar de fora para fazer aflorar as minhas virtudes como mulher, mãe, profissional e ser humano. Na voz delas escutei a minha voz; honrando a dor delas me permiti ser vulnerável e honrar a minha dor. Na troca íntima que o *Vem ser mulher* propiciou, pude ver muitas mulheres florescerem lindamente e, assim, também conversar comigo profundamente e me reerguer aos poucos. Uma coisa ficou muito clara para mim a partir desse momento: eu já não estava mais só em caquinhos e havia descoberto uma coragem que desconhecia.

Aliás, descobri que nós somos extremamente corajosas! E a letra C de C.A.B.E.R. da jornada deste livro significa *coragem*. Vamos decifrar essa palavra poderosa logo adiante, no Capítulo 4.

Depois, em 2018, resolvi me aventurar nos cursos on-line, seguindo as tendências do mercado. Selecionei uma parte do workshop *Vem ser mulher* e ampliei sua abordagem, criando um programa de empoderamento materno que eu chamei, à época, de *Mães equilibristas – por uma maternidade menos idealizada e mais possível*. A ideia foi criar um espaço de acolhimento, um lugar de abraço, mesmo que virtual, para que as mães pudessem ter certeza de que não estavam sozinhas. Nele, entrei mais a fundo nessa questão do assoberbamento e do paradigma de sucesso que nos oprime e adoece. Mais uma normose que nos acomete. E então falamos da idealização da maternidade. Falamos sobre a "culpa materna", que é estrutural e, às vezes, totalizante; sobre a dificuldade de conciliar a maternidade com os outros aspectos da vida, com o crescimento profissional e tantas outras responsabilidades visíveis e invisíveis, sobre a sensação de desamparo e de solidão.

Sem sequer saber, lá comecei a delinear o conceito da trilha C.A.B.E.R. e também a perceber que o que estava surgindo ali não era algo superficial, mas um nível mais profundo de empoderamento e autoconhecimento, de coragem e acolhimento que desconstrói estereótipos e questiona mitos e imposições sociais. Não se tratava de respostas prontas ou fórmulas mágicas. Também não se tratava de uma luta ou um combate nos moldes que conhecemos. Ao contrário, tratava-se de redescobrir um espaço de presença, paz, aceitação e autocompaixão para viver a própria vida, a própria identidade e a maternidade possível e construir um equilíbrio dinâmico, não idealizado.

Foi nesse cenário que me deparei com aquilo que vou chamar aqui de "síndrome da Mulher-Maravilha", tão presente na nossa sociedade e parte incontestável do problema que nos aflige. É um conjunto de dores que mapeamos amplamente até agora nesta nossa conversa. Depois de escutar as histórias de algumas mulheres, desenvolvi essa analogia dos escudos que agora compartilho com você.

## Os 7 escudos da Mulher-Maravilha

Os escudos da Mulher-Maravilha sintetizam e sistematizam algumas narrativas normóticas que criamos e que acabam por sustentar crenças limitantes, reforçando aquilo que nos aprisiona no papel de "heroínas". Venho trabalhando para desconstruir, em mim e em todas as mulheres que acompanho, essas narrativas e substituí-las por outras, mais saudáveis e edificantes.

Esses escudos são formações reativas que desenvolvemos ao longo da nossa vida como estratégias de autoproteção, na tentativa de "segurar o rojão". Mas o paradoxo e a incongruência estão justamente aí: usamos cada um deles para nos proteger, mas não nos damos conta de que, na verdade, eles são parte do problema e mantê-los é como nos afundarmos justamente naquilo que nos angustia, nos exaure. Espero que este conteúdo ajude você a refletir sobre o quanto também está lançando mão desses escudos e se sentindo cada vez mais esgotada e perdida de si.

**Escudo 1**

**Punhos de ferro**

**Narrativa:** "Estou muito cansada, mas nada vai resolver o meu problema. Porque a verdade é que eu não posso soltar qualquer uma dessas tarefas. Se eu não fizer, não tem quem faça. Não dá para contar com a ajuda de ninguém."

**Escudo:** Autossuficiência e controle.

**Atitude:** Agarrar com punhos de ferro todas as tarefas da casa, da maternidade, do trabalho. Não soltar e não delegar. É o escudo da mulher autossuficiente que "não precisa de ajuda" e acha que ninguém fará as coisas tão bem quanto ela.

**Crença limitante:** "Não posso contar com ninguém."

**Escudo 2**

**Tiara da mulher perfeita**

**Narrativa:** "O que vão pensar de mim se descobrirem que não me sinto a pessoa mais realizada do mundo e que não estou gostando da minha vida assoberbada, sem tempo para nada? Vão pensar que eu sou uma fraude!"

**Escudo:** Perfeccionismo e síndrome da impostora.

**Atitude:** Associar a vida exaustiva como sinônimo de força e sucesso e acreditar que está fazendo o que se espera de toda mulher bem-sucedida e feliz, que vence na vida e consegue ser mãe, esposa, profissional, amante e amiga perfeita o tempo todo. E ainda se colocar como modelo a ser seguido.

**Crença limitante:** "Sou forte, não deixo que as limitações e o cansaço me definam. Eu consigo."

Escudo 3

**Espada do sacrifício**

**Narrativa:** "Mulher sofre mesmo! Isso é normal e sempre foi assim! O sucesso da mulher é sinônimo de sacrifício. Não sei para que ficar reclamando e cheia de *mimimi* em vez de agradecer por ter trabalho e não parar nunca!"

**Escudo:** Autossacrifício e resignação.

**Atitude:** Justificar o sofrimento que sente como se fosse algo da natureza feminina. Aprendemos historicamente que a mulher "correta" é aquela que deixa de cuidar de si mesma para cuidar dos outros, em especial dos filhos. E a gente herdou essa "verdade" e reforça esse padecimento como se fosse uma virtude.

**Crença limitante**: "Autossacrifício é o maior ato de amor."

Escudo 4

**Máscara de oxigênio**

**Narrativa:** "Investir em mim mesma? Não, seria muito egoísta de minha parte. Eu devia estar dedicando esse tempo à minha família e ao trabalho, gastando esse dinheiro com algo para eles, e não para mim."

**Escudo:** Culpa e generosidade como barganha afetiva.

**Atitude:** Convencer que se deve priorizar sempre os outros em detrimento de si mesma, anulando-se. Escolher colocar a máscara de oxigênio em todos primeiramente, deixando suas necessidades de lado, seja no trabalho, em casa ou nos cuidados com seus filhos.

**Crença limitante:** "Me priorizar é egoísmo e é errado. Ser vista como uma mulher boa e generosa é muito importante."

**Escudo 5**

**Capa da anestesia**

**Narrativa:** "Estou muito estressada, não estou me sentindo bem… Mas acho que só preciso de algo para me acalmar, para relaxar um pouco. Quero largar tudo e vender coco na praia."

**Escudo:** Negação e fuga.

**Atitude:** Estar exausta, vivendo loucamente atarefada, e buscar anestesia nas redes sociais, em baldes de café, na comida; cria-se vícios; excede-se em remédios, pensando que esses artifícios irão ajudar a aliviar o estresse e a ansiedade sentidos pelo caos da sua vida. Confabular sobre as escolhas que poderia ter feito de forma diferente, sonhar com o dia que tudo será diferente, se projetar morando em outro lugar, tendo outra vida, enquanto se entorpece na tentativa de anestesiar o turbilhão e a sensação avassaladora de solidão.

**Crença limitante:** "Estou presa nessa armadilha. Quem mandou escolher? Agora, aguenta!"

**Escudo 6**

**Laço tóxico**

**Narrativa:** "Quem deveria estar aqui escutando tudo isso e vivendo uma jornada de evolução pessoal é o meu marido, e não eu; é meu chefe, não eu. Não é possível que eu precise cuidar de tudo, fazer tudo acontecer e ainda ter que ser a pessoa que precisa encontrar a melhor forma de conversar, de expressar o óbvio!"

**Escudo:** Superioridade e impotência (ao mesmo tempo). Ressentimento.

**Atitude:** Se revoltar e se enraivecer, jogando toda a frustração em cima do parceiro/marido (ou ex-marido), do seu chefe, da vida, do mundo e criando um ciclo de cobranças e discussões improdutivas sem fim (que muitas vezes acontecem somente dentro da sua cabeça).

**Crença limitante:** "É muito injusto tudo isso. E, o pior, não há como mudar."

**Escudo 7**

**Escudo da vítima**

**Narrativa:** "Você está falando que eu devo pedir ajuda, para cuidar de mim, para chamar o outro para a parceria, mas você não conhece a minha vida! É difícil demais, só eu sei o que eu passo!"

**Escudo:** Vitimismo, apego à lamentação.

**Atitude:** Reforçar o papel de vítima da situação, sentindo pena de si mesma em uma eterna lamentação. Repetir a mesma história sem parar e se justificar com ela. Embora ruim, transforma-se isso em um "lugar quentinho" e, por medo de não encontrar outro lugar melhor, mantém-se a posição e narrativa. Aqui vai um alerta: esse escudo impede você de soltar todos os outros!

**Crença limitante:** "É muito difícil para mim. Queria que alguém me salvasse, sozinha não consigo."

Ao olhar para esses escudos, com quais você mais se identifica? Às vezes, eles aparecem de forma mais sutil, às vezes de forma bem descarada. Mas é importante que você olhe para si com honestidade e perceba que boa parte dos problemas vem da atitude de repetir essas narrativas tantas vezes até que se tornem verdades e moldem sua forma de estar na vida. Se você não confrontar essas crenças limitantes, dificilmente conseguirá ter forças para sair do lugar de sofrimento. Dificilmente, conseguirá balancear sua vida e cuidar das suas necessidades e das pessoas que você ama. A máscara de oxigênio precisa ser colocada primeiramente em você para que, a partir daí, inteira, seja possível exercer os diversos papéis da sua vida, sejam quais forem: mãe, profissional, companheira, amiga, filha...

Preste atenção (já falei sobre isso, mas vou repetir para você lembrar sempre!): o cuidado aos outros, para ser realmente sustentável e generoso, precisa ser um transbordar do seu autocuidado, e não algo que você tira de si para dar ao outro.

Cabe a você construir esse espaço entre si mesma e o outro, no qual consiga amar o outro, cuidar dele, respeitá-lo, enquanto você também se ama, se acolhe e se respeita. Isso é *limite*. E, quando o estabelece, você está abrindo mão dos escudos da Mulher-Maravilha para construir, aí sim, uma proteção realmente saudável para si mesma, para o outro (seja ele quem for), para a vida e para os seus diversos papéis. E, acredite, ao fazer isso, sua sensação de força e realização pessoal aumentam substantivamente e colocam você em um lugar de viver a vida incluindo tudo aquilo que você é e faz de forma sustentável. Não somente a parte "bonita" de você, mas *tudo* aquilo que há em você.

Tem a ver com escolher a coragem em vez do falso conforto que as crenças limitantes oferecem. Tem a ver com escolher aquilo que você sabe que é o certo a se fazer e, então, sustentar essa escolha. E, se você se permitir parar e olhar para dentro de verdade; se você se permitir se escutar para além das crenças e padrões limitantes dessa normose, tenha certeza: você saberá, simplesmente saberá o que fazer!

## A dor do não lugar

Falamos da invisibilidade que é consequência da identificação com a Mulher-Maravilha, mas existem também outras formas, sutis ou literais, que nos impõem a invisibilidade.

Se há as mulheres que se vestem de Mulher-Maravilha, existem outras que não se veem sequer em condições de pleitear esse lugar ou desistem antes mesmo de tentar. Muitas delas enfrentam a dor do limbo, da estranheza de não pertencer a lugar algum, nem a si mesmas. Se sentem e estão à margem.

Como mulheres, muitas vezes nos sentimos em um limbo entre os padrões antigos – que vêm perdendo a força quanto mais se expande a consciência coletiva – e os padrões que buscamos construir, lutando contra crenças, mitos e rótulos que nos foram ensinados ou impostos. A sensação é que estamos em uma grande transição de modelo mental e regeneração de valores. É um meio caminho, e nessa trilha volta e meia nos deparamos com encruzilhadas, com importantes tomadas de decisão. O nosso lugar de pertencer fica confuso nessa transição, o que é natural. Por isso meu convite e movimento é sempre em direção a um espaço amoroso e seguro de trocas, acreditando que, juntas, teremos muito mais poder de transformação e poderemos nos apoiar sempre.

Observar nós, mulheres contemporâneas, vivendo a dor do assoberbamento, nessa luta entre o verdadeiro pertencimento e o moldar-se para caber, me remeteu ao meu trabalho de mestrado no período de 2004 a 2006. Eu escolhi como tema da minha dissertação *A construção da identidade feminina na cultura Xerente.* Essa comunidade indígena fica em Tocantínia, no norte do Tocantins. É um povo muito interessante; as aldeias tentam manter um espaço de preservação da cultura originária. Com ajuda de amigos antropólogos, eu fui até lá conhecer e tive a oportunidade de conviver com algumas mulheres daquela comunidade, conhecer e me aprofundar nas suas histórias. Na primeira vez, passei 15 dias por lá, depois voltei e passei mais um mês dormindo com elas nas aldeias e procurando compreender o espaço híbrido que estavam construindo, uma vez que iam para a cidade estudar, inclusive algumas estavam na universidade.

O objetivo delas era tornarem-se mulheres indígenas que representam seu povo e defendem sua cultura. Elas sonhavam em ser porta-vozes da cultura Xerente. Na tradição, esse não era o papel das mulheres; não era o lugar natural delas, e ainda assim tiveram coragem de assumir o que queriam e de enfrentar muitos preconceitos dentro e fora da tribo para seguir seus propósitos. Olhe que interessante: elas se desapropriam do lugar de origem, do lugar originário da mulher em sua cultura, do lugar reconhecido como característico do feminino naquela comunidade, e se lançam em uma experiência na cultura não indígena, na "cultura branca", para dar visibilidade e voz ao seu povo. Porém, quando fazem esse movimento, são muitas vezes marginalizadas dentro da própria cultura, pois confrontam a tradição.

Então, essas mulheres vivem em um espaço de limbo, que eu chamei à época da minha dissertação de mestrado de "cultura híbrida", porque elas têm um tanto da cultura de origem, mas também uma série de elementos já da nova cultura, e tentam se apropriar desta para cuidar e fortalecer aquela.

Na época, há 20 anos, o que eu encontrei naquela comunidade parecia um universo muito distante do que a gente vive nas grandes cidades. Mas hoje eu consigo enxergar uma profunda identificação daquela busca por pertencimento e voz das mulheres indígenas com a dor de todas as mulheres que me procuram no consultório ou na mentoria. Guardadas as devidas proporções, esse encontro se dá na dor do "não lugar", do não pertencer nem ao cá nem ao lá e ainda assim seguir se esforçando para desenvolver essa sensação de pertencer a si mesmas.

Esse limbo é o que vivemos enquanto buscamos estabelecer limites e encontrar uma forma de equilibrar nossas necessidades com nossas atividades, nossos propósitos com nossas rotinas caóticas. Eu sei que não estou mais lá, mas ainda não sei direito onde estou. Então, realmente, é uma sensação de não pertencer e uma ânsia por ganhar esse espaço de fala, por ganhar esse lugar de direito como mulher e ser humano. Eis o desejo emergente de fazer caber o nosso eu, a nossa vida autêntica, na nossa vida!

Eu sei, e acho importante enfatizar, que há uma diversidade imensa quando falamos de "mulheres" e das nossas dores. Somos muitas, somos diversas, e partimos do ponto de vista sócio-histórico-cultural de lugares muito diferentes. Não quero parecer simplista aqui, nem fazer parecer que existe uma ideia de mulher que nos defina a todas. Para muitas, a dor da invisibilidade, o seu colocar-se no mundo, considerando todo esse repertório, é abismal e muitas não têm sequer espaço para se dar conta ou para lidar com isso de novas maneiras. Sei que falo neste livro a partir de um olhar muito específico e limitado que, embora desejasse ser mais abrangente, tem um limite e não alcança toda essa diversidade. Reconheço que o que estou fazendo é trazer um olhar, um recorte bem específico, mas com o desejo de incitar novos diálogos com você e com outras mulheres para fomentar essa construção e ampliar o nosso olhar como um todo.

Por hipótese (e esse é o meu farejar), sinto que todas temos algo em comum. Assim como as mulheres xerentes, todas nós, consciente ou inconscientemente, queremos pertencer ao mundo a partir de nossa autenticidade e da nossa integridade, advogando por aquilo que é importante para nós, mas também tendo a autorização, a permissão de abrir mão de determinados papéis e de certas imposições, violências e cobranças que não fazem sentido algum. Queremos poder não querer. Queremos poder dizer "não", sem temer. Queremos exatamente nos apropriar de determinados espaços e poder falar que é legítimo estarmos ali e que não precisamos viver exaustas, perfeitas, equilibrando tudo na corda bamba, cuidando de tudo, sendo supermulheres para que sejamos respeitadas e valorizadas. Nós precisamos nos autorizar, antes de tudo e de todos, a impor esses limites. Nós precisamos ter coragem de dizer:

"Não, você não tem o direito nem a minha permissão para julgar quem eu devo ser para merecer o sucesso. Este caminho é meu! "

Hoje acredito que, para sustentar esse limite que precisamos impor, confrontando paradigmas que nos escravizam, será inevitável deixar alguns pratos caírem no chão e estilhaçarem, fazendo barulho e chamando a atenção para o nosso *basta*.

Digo de novo com força: *antes de pertencer a qualquer lugar, é preciso pertencer a si mesma e abraçar a sua autenticidade.* Busco forças para falar isso em toda a minha jornada de aprendizado e amparada em uma coisa que aprendi com a Brené Brown (2021a) sobre o conceito de pertencimento. Ela define que:

> *"Pertencimento é o desejo humano inato de ser parte de algo maior que nós mesmos. Como esse anseio é tão primitivo, frequentemente desejamos satisfazê-lo tentando nos ajustar ou buscando aprovação, o que não é apenas uma tentativa inócua de substituí-lo, mas também uma barreira à sua satisfação. Como verdadeiro pertencimento só acontece quando apresentamos nosso eu autêntico e imperfeito ao mundo, nosso sentimento de pertencimento nunca será maior do que nosso nível de autoaceitação." (2021a, p. 29).*

Por isso é preciso dizer basta, por isso é preciso que, antes de tudo, você se reconheça e se aceite como é. Por isso que, quando você negocia sua autenticidade para caber em um lugar que não lhe representa para se adequar a um sistema que não lhe cabe como você realmente é, essa conta nunca fecha. Quando você precisa se desapropriar de quem é para se encaixar em qualquer comunidade, essa conta não fecha. Se você se sente sempre julgada e avaliada para poder pertencer; se você precisa estar sempre em alerta para não pisar fora da linha e ser cancelada, isso não é pertencimento, mas sim *se moldar para caber* (e partes importantes suas podem ficar de fora, quitadas, quebradas, negligenciadas. Cuidado!).

As mulheres indígenas me ensinaram muito sobre isso. Elas escolheram a coragem, pois muitas foram discriminadas e canceladas em suas famílias e da mesma forma tratadas nos espaços que conquistaram fora da sua comunidade. A firmeza de propósito delas me encorajou e ainda encoraja a realizar as mudanças que preciso fazer na minha vida e nos meus projetos para caber na minha vida, com sentido e dignidade (e não o contrário). Mesmo sendo empurradas pelo sistema para um "não lugar", elas encontraram força no real pertencimento, escolheram pertencer a si mesmas e fazer o que lhes fazia sentido, correndo o risco.

Pertencer a si mesma é "um chamado para lutar sozinha – desbravar a natureza selvagem da incerteza, da vulnerabilidade e da crítica. [...] É uma prática que exige que sejamos vulneráveis, que nos sintamos desconfortáveis e aprendamos a estar presentes uns com os outros sem sacrificar quem somos" (2021a, p. 30). É o que diz Brené em *A coragem para ser você mesmo*. As mulheres xerentes viveram isso na prática. Encontraram seu lugar em meio à brecha. E lá fizeram diferença. E lá ergueram sua voz, por si mesmas e pela sua comunidade. Não foi fácil, entretanto foi fundamental, por elas e pelo seu povo. Foi fundamental para todas nós. E segue sendo! Porque, cada vez que uma mulher rompe uma barreira e vive de verdade, pertencendo a si mesma, ela, inconscientemente, autoriza todas as outras a viverem também.

Muitas vezes, isso significa romper com pessoas e hábitos que nos conectam aos velhos padrões. Já naqueles tempos eu me lembro de falar com minha orientadora que eu fazia um monte de coisas e que parecia que nada combinava com nada, que eu me via dividida e igualmente interessada em tudo aquilo. Gostava de tudo, mas tudo aquilo junto me angustiava. Eu tinha começado minha prática clínica como psicóloga; já tinha me tornado sócia do meu pai na empresa de consultoria em desenvolvimento humano, trabalhando com líderes e equipes de diversas organizações brasileiras; e estava fazendo meu mestrado e pleiteando uma vida acadêmica.

Como sempre fui intensa e comprometida, me dedicava a tudo isso, mas sem entender como isso se desdobraria no futuro. Foi minha orientadora, uma mulher sábia a quem eu muito estimo, que me disse para ter calma, pois, às vezes, a gente começa nossa vida profissional por pontos distantes, mas que aos poucos vão culminando naquilo que é propriamente nosso. Essa fala dela me acalmou naquele momento e me fez seguir em frente. Eu jamais imaginei que a experiência com as mulheres indígenas abriria para mim janelas importantes de autoconhecimento que só mais tarde pude reconhecer. Eu jamais imaginaria como essa experiência me faria olhar para a diversidade e para o trabalho na clínica com a riqueza que olho hoje; que meu trabalho com mulheres se tornaria mais robusto ao longo dos anos e que tudo isso, junto e misturado com outras vivências e experiências, culminaria em quem sou hoje e desembocaria neste livro. Bem, a vida é mesmo essa dança, essa teia de acontecimentos e sincronicidade; e, quando nos permitimos fluir, tudo vai se encaminhando e encaixando para que possamos nos reencontrar e pertencer à nossa essência! Minha orientadora tinha razão.

Temos um trabalho pessoal importante a priorizar. Precisamos nos autorizar, ousar viver o que queremos, o que podemos, o que nos faz sentido e também reconhecer o que damos conta e quando não dá mais. Precisamos erguer nossa voz e nos fazer ouvir. E isso é parte relevante de toda a filosofia do fluir deste livro. Autorize-se a fazer esses movimentos e saiba que estamos juntas; somos muitas mulheres dispostas a ressignificar esses padrões!

# Capítulo 3
# Desvendando o C.A.B.E.R.

Você já parou para refletir sobre o significado da palavra *caber*?

De acordo com o *Dicionário online de Português*, é um verbo transitivo indireto, que vem do latim *capere*, e significa:

1. *Que está compreendido ou circunscrito dentro de algo: as roupas cabem perfeitamente dentro da mala.*
2. *Que pode estar delimitado em certo espaço de tempo: sua palestra não cabia no tempo certo.*
3. *Depender, cumprir: para ela coube a tarefa de pagar promessas alheias.*
4. *Poder ser contido ou poder estar dentro: os cadernos não cabem na gaveta.*

5. *Ser compatível ou adaptável: seus atos não cabiam a um governante.*

6. *Ter aceitação, ser aceitável: suas considerações já não cabem neste assunto.*

7. *Ser admissível, oportuno, competir: não cabe a ele dar a resposta.*

Quando contextualizamos esse verbo à nossa pessoalidade, acabamos desvirtuando seu sentido. Estamos dando a ele o poder de nos moldar, nos encaixar e nos adequar a uma vida pré-formatada por outras pessoas e paradigmas que não escolhemos para nós. Ao fazermos isso, minguamos. Cada vez que permitimos que usem esse verbo para contrapor nossa liberdade de ser, nos desapropriamos mais um pouco de nós para "caber". Tentamos não ser inadequadas, porque no fundo queremos ser amadas. Essa é a causa de muitos dos nossos sofrimentos, dores, problemas de autoestima, insegurança e dúvida. É boa parte do porquê nos sentimos tantas vezes sobrecarregadas e com dificuldade de impor limites.

Mas há um significado importante desse verbo que temos esquecido. Caber, no latim, também significa *pertencer por direito.* E aí está a nossa grande brecha! Foi isso que notei quando escolhi o acrônimo C.A.B.E.R. para conduzir essa jornada. Foi quando pensei: que *tal escolhermos usar essa referência e começar, ativamente, a pertencer por direito à nossa própria integridade, ao nosso direito de viver a vida que nos faz feliz, que faz sentido e promove alegria e verdadeira realização?* Se decidirmos que o verbo "caber" se aplica de dentro para fora, estabelecendo nossa relação com o mundo, em vez de nos fazer encaixar nos moldes impostos de fora para dentro, "fazer caber" será um ato de libertação e real pertencimento, e nos autorizaremos a construir uma vida que caiba na nossa vida a partir de quem somos.

Palavras são só palavras; somos nós quem damos a elas significado e poder!

Ao escolhermos fazer a nossa vida escolhida caber na vida vivida, tomamos o poder, nos apropriamos do verdadeiro caber, que de algoz se torna antídoto e nos permite curar as dores da insuficiência e da exaustão.

Quando me peguei em meio a essa reflexão, me vi quase eufórica! Surgiu a ideia de contraverter, isto é, transformar o ato de caber na nossa vida em algo contracultural, que nos convoque a um novo posicionamento baseado na coragem e ousadia para dizer "não" ao que nos foi imposto social e historicamente e, então, construir uma vida de "sim", em primeira pessoa; uma vida de retomada do nosso pertencer por direito a quem somos. Essa é a perspectiva por meio da qual convido você a pensar neste livro. Vamos sair do "caber" para o C.A.B.E.R.: uma trilha de autoconhecimento e autoapropriação para vivermos de forma amorosa, respeitosa e verdadeira à nossa própria história. Esse acrônimo aborda valores fundamentais para a jornada de autodesenvolvimento que todas nós precisamos trilhar se quisermos que a nossa vida caiba nas nossas vidas.

Sendo assim, já quero deixar claro que C.A.B.E.R. é uma trilha, e não um trilho. Trilhos são rígidos, não aceitam erros, não apresentam alternativas. Se parte deles é rompida, tudo paralisa ou descarrila. Já a trilha é orgânica e vai se delineando à medida que é desvendada e nos movimentamos através dela. Vamos na toada, na dança da vida, descobrindo e vivenciando as nossas trilhas!

Refletindo sobre isso, me lembro das trilhas que gosto de fazer na natureza, pensando no belo banho de cachoeira que me espera no meu destino. Tenho um mapa em mãos, ou um GPS, mas o que encontro quando chego lá é diferente. Pode ter chovido muito e alguns trechos estarem alagados, um tronco pode ter caído e bloqueado a passagem que o mapa apontava. Aí eu preciso pensar nas alternativas, fazer escolhas diante da situação: se vou desviar, se dá para pular por cima ou encontrar um atalho. O fato é que às vezes a trilha muda e eu tenho que fazer os ajustes necessários, e isso não quer dizer que devo desistir do propósito de seguir nela.

Um trilho parece seguro e confortável, porém não lhe dá autonomia, é rígido. A trilha exige coragem e flexibilidade e abre uma infinidade de alternativas, colocando você como autora da sua vida. Trilha é coconstrução contínua, uma busca por sinergia entre o que temos ou não controle e capacidade de influenciar. E o que a vida espera de nós nesses contextos? Como diz Guimarães Rosa: “O que a vida quer da gente é coragem!” (1994, p. 448).

Busco, com o fluir da trilha C.A.B.E.R., apoiar você a vencer a rigidez dos trilhos que nos foram impostos, da ilusão do perfeccionismo, do jeito "certo" idealizado de fazer as coisas e do nosso sacrifício diante da fórmula de sucesso. Convido-a nesta trilha a mudar de perspectiva, partindo da sua integridade, do seu momento, do seu significado pessoal. Cada palavrinha do C.A.B.E.R. é uma ferramenta poderosa de cura e de transformação para você praticar e expandir continuamente, tornando-as naturais no seu viver.

Já aviso que essa trilha nunca estará pronta nem se esgotará, pois ela é o próprio caminhar que se constrói com a realidade, dançando junto com tudo que é, com tudo que vem, de dentro e de fora de você. Ela também sugere que você lide com as mudanças e os desafios com mais leveza, sem levar tudo tão a sério. Se você tentou de um jeito e não deu certo, recomece. Se você fez escolhas que não a levaram aos resultados que queria, recomece também. Permita-se testar, errar e recomeçar quantas vezes for preciso, pois muitas vezes aquilo que sentimos como um grande problema é só a vida acontecendo, em sua mudança contínua.

Essa trilha não é uma direção, mas o desenvolver de um conjunto de ferramentas que pretende ajudá-la quando você precisar ajustar as coisas na jornada, sem perder sua integridade. Lembra a metáfora dos sapatos, sobre a qual conversamos no capítulo 2? Então, quero que a trilha seja seus sapatos mais confortáveis, para que você dance suavemente com a vida e não mais ande pesadamente sobre ela!

Lembro-me perfeitamente do dia em que eu usei a expressão *caber* (da maneira como ora apresento a você) pela primeira vez. Eu havia facilitado uma roda de conversa com mulheres e, na sequência, ministrei uma mentoria para outro grupo, formado por mulheres líderes de alto escalão da indústria farmacêutica. Percebi que todas elas (eu inclusa) traziam as mesmas dores, uma sensação de exaustão e pressão, como um desabafo ou um ato de indignação, não sei bem. Pensando sobre isso, me peguei dizendo em voz alta:

"Não é possível! A vida não pode ser isso...
Não é para ser assim; essa sobrecarga e culpa constantes...
A vida precisa caber na vida!"

Foi assim que, então, o C.A.B.E.R. se encheu de significados, como um grito de basta! Eu pensei: *é isso, é essa a peça do quebra-cabeça que estava faltando!* Peguei meu caderninho e comecei a escrever sobre o que era este caber ao qual eu me referia. À medida que eu escrevia, fui me dando conta que se tratava de um acrônimo poderoso. Quando terminei de escrever, fiquei surpresa ao constatar que era exatamente o que eu estava buscando e propondo nos trabalhos que vinha desenvolvendo. Era aquilo que eu colocava em prática na minha própria vida e que vinha ensinando em palestras, cursos e mentorias por onde eu andava. Animada, formatei uma palestra a partir dele já para a semana seguinte, com o intuito de ver se realmente faria sentido e se tocaria o público como tinha tocado a mim. E foi impressionante sentir a repercussão que teve. Então, voltei à prancheta e desenvolvi um pouco mais e mais até chegar aqui.

Mapeei e desenvolvi a trilha C.A.B.E.R. para ajudar você a superar padrões equivocados e distorcidos, os quais têm se configurado na nossa sociedade como a cruel normose; o construí como um processo que visa auxiliar você a fazer sua vida caber no cotidiano, combatendo a exaustão e a culpa e trazendo mais leveza e possibilidades. Vamos conhecer o significado de cada letra resumidamente, antes de desvendá-las nos próximos capítulos?

**C - Coragem**

**A - Autoconhecimento**

**B - Balancear**

**E - Empatia**

**R - Recomeçar**

# C de coragem

A letra C em C.A.B.E.R. é, antes de tudo, *coragem*. Coragem de se permitir escutar e agir a partir do seu coração. Coragem para embarcarmos em um caminho de autoconhecimento e autodescoberta, de enfrentar nossos medos, assumir riscos, desconstruir crenças e nos expressarmos de maneira autêntica. Coragem de nos sentirmos frágeis e vulneráveis e pedir ajuda, de impor os limites e dizer como nos sentimos quando não estamos dando conta de tudo. De saber negociar e convidar o outro para fazer movimentos em direção a uma sinergia saudável para ambos. Essa é a verdadeira dança da vida!

Coragem para conversar e para fazer os pedidos que você precisa fazer a quem quer que seja, respeitando a sua integridade, comunicando-se a partir da sua verdade. Ter a ousadia de abandonar as vestes da Mulher-Maravilha e acolher-se como um ser humano que precisa de pausa, de descanso, de cuidado e de respeito. Uma ousadia incrível para sair do lugar de conforto e impactar a sua realidade com o que realmente faz sentido para você, assumindo as rédeas da sua história, do seu presente e do seu desejo.

Coragem para deixar de lado as desculpas que alimentam crenças limitantes que você muitas vezes decide não confrontar. E ter coragem também significa entender quando recuar, quando é preciso pedir desculpas, quando é necessário ceder e abrir espaço para o outro, promovendo uma escuta ativa e amorosa, demonstrando que a necessidade do outro também importa.

Coragem para viver a vida com coragem!

# A de autoconhecimento autocompassivo

A letra A em C.A.B.E.R. vem ao quadrado, representando o processo contínuo de *autoconhecimento*, o qual precisa ser acompanhado da *autocompaixão*.

A vida é um constante movimento e uma impermanência para todo mundo: vamos cair e levantar, ficar exaustas em alguns momentos e tranquilas em outros; vamos nos sentir energizadas e depois fragilizadas, precisando de um tempo para nos recompor. Tem horas em que nos sentiremos prontas e firmes e outras em que seremos tomadas pelas incertezas. A vida continuará sua valsa, nos surpreendendo sempre, abrindo caminhos e fechando outros. E, se não podemos dominar os acordes dessa valsa, podemos decidir como vamos dançá-la. E isso fazemos ao desenvolver nosso autoconhecimento, pouco a pouco, mergulhando na verdade íntima e reformando tudo o que nos machuca e corrompe nossa integridade.

O autoconhecimento é o motor da trilha C.A.B.E.R., o que nos move de dentro para fora e nos tira do modo automático.

Quanto mais nos voltamos para dentro e nos reconhecemos como somos, mais nos tornamos capazes de tomar as decisões necessárias para fazer a vida caber no cotidiano, e não o contrário. O autoconhecimento é a tomada de consciência que nos faz compreender nossos porquês e assim melhor conhecer quais são os nossos pontos negociáveis e os inegociáveis.

E onde entra a autocompaixão?

Ela é necessária para não cairmos na armadilha da culpa e do autoflagelo, pois, quando mergulhamos em nós, costumamos nos encontrar com falhas, vícios, crenças e ambivalências... Ou seja, nossas sombras. As coisas "feias" que somos estão lá para serem vistas, acolhidas e trabalhadas por nós. Aqui convocamos novamente a coragem, diante da verdade de que precisamos enxergar e acolher para, então, transformar o que for preciso. A autocompaixão é essa capacidade fundamental que precisamos desenvolver para aceitar que somos humanas e estamos em processo constante de aprendizagem, e que as falhas são parte desse processo. É a voz da generosidade para conosco. E como ela é importante! Cada vez que erramos e que nos permitimos ver e reconhecer o erro de forma compassiva, nos damos a chance de aprender com ele e seguir em frente mais fortes, sem nos tornarmos reféns ou destinadas ao fracasso, sem mergulharmos no autoflagelo, na raiva de termos repetido o padrão ou o erro. Quando usamos a autocompaixão, o erro vira trampolim para a possibilidade do acerto em uma próxima vez. Há que acolhê-lo! Autocompaixão é amor-próprio, é autoperdão e aceitação do que somos capazes de entregar ao mundo naquele exato momento para sermos capazes de seguir em frente sem pesos, mas cheias de novos aprendizados.

# B de balancear

A letra B do C.A.B.E.R. também é dupla, trazendo a sintonia entre o *balancear* e o *balançar* na vida. Uso essas palavras para desconstruir um pouco a ideia da "vida equilibrada", que mais parece uma nova roupagem para a "vida perfeita". A vida é bagunçada mesmo e precisamos nos balancear e dançar com ela enquanto vivemos. Esse balancear é a antítese do equilibrar todas as coisas. Ele reconhece e dá lugar à nossa ambivalência. Ele representa a capacidade de gerir a nossa energia em cada momento, a partir da consciência do que é mais importante realizar. Conecta-se com o estado de presença em cada momento e em cada escolha que fazemos.

Como disse antes, muitas vezes, para balancear as atividades, é preciso deixar alguns pratos caírem no chão, é preciso escolher alguns pratos para soltar deliberadamente e reconhecer que há pratos que já não queremos mais equilibrar e também compreender profundamente que a tentativa de "dar conta de tudo" é uma falácia, uma ilusão. E essa pode ser uma escolha consciente e que tem a ver com a gestão dos nossos tempos e contratempos. Precisamos saber que, por mais que a gente se organize, sempre haverá mudanças e surpresas no balançar da vida, e a gente vai se adaptando e distribuindo nossa energia a cada momento, respeitando nossos limites, ao passo que nos mantemos de olhos abertos para não sucumbir aos trilhos rígidos da normose. A ideia do balançar traz flexibilidade para você encarar a vida.

Não é pela exaustão nem pela imposição que vamos conseguir fazer todas as coisas acontecerem ao mesmo tempo. E saber disso nos ajuda a estabelecer os limites para nós mesmas e para os outros, além de criar uma relação mais harmônica com o balancear da vida em seu contínuo movimento. Se balançarmos junto com ela, sem criarmos tanta resistência e com flexibilidade, reconhecendo sua impermanência, tudo fica mais leve e fluido! Assim, dançamos com a vida, como abordei anteriormente, em vez de resistirmos a ela.

## E de empatia

A letra E em C.A.B.E.R. é de *empatia*.

Digo sempre, em toda mentoria, em toda palestra: a vida é sobre pessoas, pessoas, pessoas. Nossas relações são feitas de pessoas que, como nós, também têm suas verdades, vivem suas histórias, têm suas necessidades, sejam elas muito conscientes de quem são ou não. A empatia nos conecta com essa verdade e nos disponibiliza a estar com o outro e enxergá-lo a partir do seu sentir, permitindo que expressemos nossa verdade sem atacar e desmerecer a verdade da outra pessoa; permitindo que escutemos o outro. Quando somos empáticos, criamos conexões de alma que conseguem ser mais fortes que nossos preconceitos e nossas crenças, e então podemos conversar amorosamente, sem querer vencer o outro, desejando que ambos possam se encontrar no caminho do meio, em um lugar de paz. Assim, a empatia é um pilar fundamental do C.A.B.E.R., porque nos conecta com o tipo de relações que queremos nutrir e viver, com a forma como queremos nos sentir na presença das pessoas que caminham conosco e como queremos conviver. A empatia é a experiência do C.A.B.E.R. em nossas relações de forma livre, verdadeira e honesta.

É no nosso sentir que vivemos os melhores encontros e conhecemos as pessoas para além dos estereótipos ou pré-conceitos que formamos delas. Quando nos predispomos a conversar com o outro com empatia, criamos possibilidades de entendimento e respeito, mesmo se não concordamos com a opinião ou a visão do outro sobre algum tema. É possível aceitar as diferenças e até mesmo aprender com elas, pois não existe o "dono da verdade". De repente, somando nossos ângulos, nossas óticas divergentes, podemos encontrar uma terceira opção, na qual as necessidades mais importantes de cada um sejam atendidas.

Baixar a guarda e escutar a história do outro permite que a gente se reconheça em muitas partes dela. Afinal, todas nós vivenciamos desafios e conquistas, alegrias e tristezas, dúvidas e certezas. É nesse lugar, onde nos reconhecemos tão humanas, que nos conectamos umas com as outras, nos apoiamos e nos fortalecemos. A sua emoção é minha também, e vice-versa! É o verdadeiro *estar com* o outro. E é assim que nos fortalecemos, coletivamente, para começarmos a transformar a lógica da normose que nos avassala. Sem empatia não é possível. Sem empatia não há como a vida C.A.B.E.R. em si.

# R de recomeçar

Nós estamos condicionados pelas narrativas do mundo a nos sentirmos fracassadas ou insuficientes quando algo não sai como o esperado. Assim, a letra R em C.A.B.E.R. é o refrigério da trilha: a possibilidade de *recomeçar* sempre que for preciso!

Se você, em algum momento, tentou mudar o seu jeito de lidar com o seu tempo, se tentou impor limites ou mudar rotinas e ainda não conseguiu, não tem problema: continue, recomece, siga em frente. Vá transformando as coisas aos poucos, 1% de cada vez, promovendo pequenas vitórias que devem ser celebradas como se fossem o gol que deu a vitória ao seu time na final do campeonato, ou melhor, como se fosse a nomeação da Fernanda Torres ao Globo de Ouro pelo filme *Ainda estou aqui*, mesmo antes de saber que ela ganharia e que a obra levaria o Oscar de melhor filme estrangeiro em pleno Carnaval! São os pequenos progressos que dão sustentação às grandes vitórias que você está almejando. Praticar é o caminho efetivo do aprender qualquer coisa, portanto, a gente não pode deixar que a ansiedade nos consuma e o crítico interior nos faça sentir incompetentes. Há que celebrar!

O mais importante é ter a certeza de que, sempre que recomeçamos, não voltamos à estaca zero. Sei que a sensação pode ser essa, mas não é disso que se trata: partimos de um novo ponto, mais adiante, quando colhemos os aprendizados e decidimos o que não repetir da experiência anterior. Pode parecer que perdemos tempo, mas, na verdade, caminhamos mais um pouco, evoluímos e já somos diferentes do que éramos logo ali atrás. Nesse trajeto de aprendizado, não esqueça de que tem muita gente que ama você, inclusive outras mulheres, e tem muita gente que está na mesma jornada que você. Peça ajuda e ajude, escute e fale com os sentimentos, com a sua verdade, acalme-se e conecte-se com sua autocompaixão e sempre abrace sua coragem, pois ela lhe conduzirá ao próximo estágio, no qual cada vez mais a sua vida caberá na sua vida, de forma autêntica, íntegra e mais leve!

Agora que você já conhece o significado de cada letra do C.A.B.E.R., faço um convite para se aprofundar comigo nessas habilidades, encontrando caminhos para desenvolvê-las e aplicá-las no seu dia a dia. Vamos seguir nessa aventura?

# Capítulo 4
# Coragem

*"O correr da vida embrulha tudo,*
*a vida é assim: esquenta e esfria,*
*aperta e daí afrouxa,*
*sossega e depois desinquieta.*
*O que ela quer da gente é coragem."*
*(Guimarães Rosa, em Grande Sertão Veredas)*

A vida requer coragem. O que será que isso quer dizer? Gosto de entender a origem das palavras, sempre aprendo muito com o significado que elas carregam. No caso da palavra "coragem", a etimologia não podia ser mais precisa. Herdada do latim *coraticum* (*cor* + *atĭcum*), significa "agir com o coração". Não com o coração físico, mas o da alma, que é a morada de nossos sentimentos, nossas emoções, nossa força existencial.

Essa é a perspectiva sobre a coragem que, para mim, faz sentido e se conecta com a abordagem que trago neste livro. A vida requer de nós a coragem de não cedermos ao que nos foi imposto como verdade e regra em uma sociedade que "coisifica" o ser humano. A coragem de ser quem somos e viver o que acreditamos é o ato mais ambicioso que podemos praticar!

Somos corajosas quando dizemos "não" ao que avilta nossa integridade, destrói nossa autoestima e nos causa angústia e ansiedade. Somos corajosas quando dizemos "não" ao que nos apequena e nos desapropria e quando nos permitimos pensar sobre nossos incômodos, reconhecer nossas verdades e darmos voz a elas. Somos corajosas quando denunciamos o sistema de crenças que nos foi imputado. Somos corajosas quando nos permitimos sonhar e nos enchemos de força e vontade para concretizar seja o que for que nos propomos ou desejamos. Somos corajosas quando reconhecemos nossas covardias, nossos erros, aprendemos com eles e nos reerguemos. Somos corajosas quando inspiramos outras e outros a fazerem o mesmo e também quando, apesar de qualquer coisa, seguimos em frente!

Muitas vezes a gente não percebe que está agindo a partir da coragem, vamos simplesmente fazendo o que precisa ser feito, sem nos darmos conta de que isso é um exercício e uma manifestação da nossa coragem, algo que provém da nossa integridade. Talvez a gente só reconheça a coragem que tivemos, olhando mais tarde para a nossa história vivida. Quando somos desafiadas, agimos ou reagimos e, naturalmente, a coragem se manifesta, mesmo que não saibamos dela.

Eu experimentei isso de forma muito forte no momento em que me separei e estava com meus filhos ainda tão pequenos. Eu segui vivendo e fazendo as coisas e sequer me dei conta de que havia uma grande força me movendo, apesar de estar emocionalmente em frangalhos. Segui em frente, cuidando deles, trabalhando, fazendo tudo o que precisava fazer, sem reconhecer o quanto eu estava sendo movida por uma coragem incrível, uma coragem que era minha, que era enorme e se vestiu de resiliência, fé e energia quando precisei. E sabe quando eu me dava conta de que, sim, eu estava sendo muito corajosa? Quando eu escutava a minha história na boca de outro alguém. Era como tomar perspectiva e ver com algum nível de distanciamento o que acontecia. Somente assim eu conseguia reconhecer a minha força e a minha coragem, pois, para mim, enquanto eu vivia aquela história, era somente a vida acontecendo e eu seguia em frente para fazer o que fosse preciso por mim e pelos meus filhos, pois me parecia o único caminho possível. Nada heroico, bem humano mesmo, bem vida real.

Contudo, quando a gente entende e reconhece a coragem que nos pertence e a capacidade que ela nos dá para transformar a realidade, nos apropriamos de tal força e a transbordamos em nome da nossa integridade.

É isso que fazemos resilientemente há séculos: galgando espaços, fazeres, nos apropriando do nosso lugar. A cada época, surge uma nova dimensão do que é esse lugar e o desbravamos, nos fortalecemos, aprendemos um pouco mais e nos posicionamos, erguendo nossa voz para dizer: "Não, isso não está correto, não aceitamos mais sermos tratadas dessa forma, não pode ser assim". A partir desse estado de indignação, não mais silencioso, nos permitimos pensar como queremos que seja e qual é o presente e o futuro que queremos criar. Desafiar esse *status quo* é um ato de coragem.

Nossas vozes também se amplificam nas artes. Recentemente assisti ao filme *Entre mulheres* (*Women Talking*, Sarah Polley, 2022), indicado ao Oscar de 2023. Baseado no livro homônimo de Miriam Toews, a trama é inspirada em fatos reais ocorridos na Bolívia, em uma colônia religiosa menonita isolada chamada Manitoba. A história do filme é a de milhares de mulheres vitimadas por abusos e violências diariamente e que muitas vezes se calam, seja por medo, vergonha ou submissão religiosa. Com diálogos belíssimos e profundos, essas mulheres se veem diante de um plebiscito no qual precisam decidir entre não fazer nada, ficar e lutar ou fugir de seus agressores. O grande dilema delas está em como confrontar os dogmas de sua religião para conseguir mudar a cruel realidade a que estão expostas. É inaceitável que, em pleno século XXI, existam comunidades que imponham às mulheres um estado de subserviência ao homem, mantendo-as sem escolaridade, analfabetas, alienadas do mundo e normalizando o estupro! O filme é uma coletânea de conversas profundas, sensíveis, cheias de empatia, dores e cumplicidade, em um enfrentamento do *status quo* enraizado, um ato de pura vulnerabilidade que anuncia imensa coragem feminina. E, embora o filme retrate um contexto bastante específico, aponta para algo que vivemos hoje, todos os dias, e que precisamos ter espaço para falar, dialogar, confrontar e transformar.

Ainda sobre o poder da arte nessa construção, enquanto fazia a minha revisão final deste livro, vibrei e me emocionei longamente com a premiação de Fernanda Torres pela sua atuação em *Ainda Estou Aqui*. Vibrei por ela, por toda sua trajetória, vibrei por Fernanda Montenegro, sua mãe, que abriu o caminho para ela e celebrou imensamente essa conquista junto com todos nós brasileiros e brasileiras; vibrei por Eunice Paiva, uma mulher que, em plena ditadura, precisou se reinventar e encontrar sua força e voz, em meio ao luto, o medo, o silenciamento e o terror, com seus cinco filhos, depois da morte por tortura do seu marido Rubens Paiva; vibrei por todas nós mulheres, por nós brasileiros, pelo nosso cinema, pela nossa arte. Que história, que força, que refazimento! Que filme necessário! Que prêmio justo! Uma conquista para o Brasil, um reconhecimento histórico, uma conquista para nós mulheres que, ao vermos essa história real projetada nas telas de cinema, podemos nos inspirar, nos fortalecer e encontrar em nós nossas próprias forças para seguirmos em frente, mesmo quando isso parece quase impossível. Viver e seguir em frente de cabeça erguida, isso é coragem!

É a este tipo de diálogo que convido você: uma reflexão profunda sobre o que nos foi imposto como verdade, como fórmula de sucesso, como papel social... Se queremos deixar tudo como está, se vamos ficar e lutar ou tentar fugir, levando com a gente todos os fantasmas e as dores da injustiça normalizada. Qual é a sua escolha? A minha é tentar reforçar todos os dias quando acordo e me olho no espelho que vou ficar e lutar com toda minha coragem, junto com você e todas nós que tomamos essa decisão com o intuito de promover transformação, dentro e fora de nós. Que escolhamos, corajosamente, ser luz umas para as outras, mesmo quando isso parecer difícil.

## Coragem é virtude

Coragem é um tema antigo, descrito desde a Grécia Antiga de diversas maneiras.

Platão a descreveu como uma das quatro virtudes cardeais, junto com a prudência, a temperança e a justiça. Para ele, o ser corajoso age de acordo com a razão, e não com as paixões ou os impulsos irracionais. Aristóteles, por sua vez, disse que a coragem é uma virtude intelectual ou moral, que consiste em escolher o meio-termo entre dois extremos perigosos: a covardia (timidez) e a temeridade (audácia). Para ele, a coragem é uma forma de prudência que leva em conta as circunstâncias e as consequências das ações.

Muitos filósofos se dedicaram a desvendar a coragem ao longo da história. Para Sêneca, por exemplo, a coragem é uma virtude essencial que consiste em dominar os próprios medos e as paixões. Epicteto enfatizou que a coragem é uma virtude que consiste em agir de acordo com o dever moral, e não com as opiniões ou as expectativas alheias.

Na década de 1950, o teólogo Paul Tillich, autor do livro *A coragem de ser* (1972), falou sobre a importância fundamental da coragem em face ao capitalismo que "coisifica" o ser humano e em que todas as coisas são transformadas em produtos e, por consequência, esvaziadas de seu sentido mais profundo.

> *"Achamos que somos mestres do mundo e de nós mesmos. Mas, na verdade, fazemos parte da realidade que criamos, objetos entre objetos, coisas entre coisas, parte da engrenagem da máquina universal, à qual devemos nos adaptar para que ela não nos esmague. Essa adaptação nos transforma em meios para fins que também, por sua vez, são meios, sem finalidade alguma." (Tillich, 2009, p. 87).*

É triste isso de nos tornarmos vazios de sentido para nos encaixar em uma realidade projetada que nada tem a ver com nossa essência e integridade, não é mesmo?

Pare e pense um pouco sobre o assunto. Será que não é justamente daí que deriva a fonte da nossa ansiedade e da nossa sensação de insuficiência, características de um mundo onde nossa dimensão divina se tornou insignificante? Pare para pensar o porquê de o Brasil ser um dos países mais ansiosos do mundo... Trabalhamos muito, mas não sabemos bem para que fazemos isso, somente seguimos o fluxo. Olhamos em volta e vemos uma sociedade desigual, injusta e cheia de preconceitos. Nos vemos nesse sistema, ora o promovendo, ora sucumbindo a ele. Então, que coragem a vida nos convida a ter?

Se aceitamos que somos "coisas entre coisas", nos tornamos insignificantes e efêmeras como todas as coisas. Não somos coisas! E é justamente aqui que entra a coragem.

A coragem de não nos deixar sucumbir, de não normalizar essa coisificação, de nos manter despertas e desenvolvendo nossa consciência para ver além dessa normose instalada em nossas gargantas. Grande parte da nossa ansiedade crônica vem da tentativa de nos encaixarmos no modelo forjado pelo capitalismo, essa entidade que cria narrativas que nos escravizam e nos afastam de quem somos. E, sim, precisamos de muita coragem para desafiar isso.

## Coragem é abraçar o sentido

Nietzsche dizia que a coragem consistia em afirmar-se diante da vida selvagem e caótica do mundo para criar novos valores e novos sentidos para si mesmo. Fromm, um psicólogo humanista, propôs que a coragem é uma manifestação do amor pela vida humana.

Espero que esses poucos exemplos já deem a você a dimensão do quão fundamental é o desenvolvimento da nossa coragem! No senso comum, ao falarmos de coragem, logo pensamos em atos heroicos, grandiosos. Remetemos a pessoas e seus grandes feitos ou grandes superações, mas, ao fazer isso, nos distanciamos da essência do conceito.

A verdadeira coragem traduz a bravura de buscar na vida aquilo que verdadeiramente faz sentido para você, de conhecer seus valores, tê-los como bússola e vivê-los com integridade. É ter ousadia de desafiar crenças, cobranças externas e máximas que servem somente para nos castrar e nos encaixotar dentro de um determinado modelo do que é sucesso, do que é verdade, do que é bom. Bom para quem? Não é bom para você se não tem nada a ver com aquilo que verdadeiramente lhe toca, se não dialoga com seus princípios e valores, se não ecoa seu desejo e motivo de viver.

Costumo dizer que ter coragem é viver a vida desperta, acordada e atenta, para não se deixar sucumbir por todas essas demandas de fora. É se dar a chance de parar, refletir e sentir como as coisas que acontecem falam com você, como elas ecoam em você, para então se posicionar e decidir qualquer coisa. É enfrentar as pseudoverdades que lhe impuseram ao longo tempo, de forma explícita ou velada, para viver uma vida que realmente dialogue com quem você é.

## Coragem é agir a partir da integridade

Ter coragem é ser capaz de não focar apenas no resultado, e sim valorizar o processo. É escolher ativamente e diariamente pequenas e grandes ações para trilhar uma jornada na qual o sucesso seja algo que você escolheu como valor para sua vida, uma conquista que encha você de alegria, que faça sentido, e não o sucesso que foi definido por outra pessoa ou para ter uma imagem social. Não é sobre parecer, é sobre ser.

A coragem é o movimento de agir e reagir a partir da sua integridade, e a ousadia é a sustentação dessa verdade, mesmo quando for desconfortável e exigir mudanças difíceis em nós. Se as coisas não vão bem, se você se sente esgotada e insuficiente, pare para repensar o que precisa ser mudado! O primeiro passo é este: parar! Interromper o frenesi automático que não deixa você pensar no porquê de se estar vivendo de determinada forma.

Assim, precisamos compreender a profunda relação entre coragem e integridade.

Segundo os dicionários, “integridade” é a característica de estar inteira, plena e fiel a seus valores. A palavra vem do latim *integritas*, que significa integralidade e se refere a termos consciência de que somos um todo, com luzes e sombras; de que somos plurais, contraditórias e ambivalentes; e que estamos em constante movimento. Tudo isso é parte da nossa integridade. Não só a parte “bonita”, não só aquilo que gostaríamos de aparentar, mas tudo! A beleza disso é que, quando reconhecemos que assim é (e só esse reconhecimento já é um ato de coragem), deixamos de ser reféns da nossa sombra e podemos atuar de forma mais consciente e coerente. Não é confortável, eu sei. Dá muito medo às vezes, eu sei... Com cada célula do meu corpo, eu sei. Mas eu também sei que, quando encaramos o medo e seguimos na presença dele, somos recompensadas com uma sensação imbatível de satisfação que faz valer a pena cada segundo.

A coragem se dá na presença do medo.
É quando ele nos assola que precisamos dela.
E é quando ela se sobrepõe ao medo que nossa força
se revela e nossa vida se renova e evolui;
tudo a partir da e para nossa integridade!

A integridade é a motivação e objetivo final para os passos da coragem. Ela nos dá a força para desafiar a normose e pavimenta o caminho para que a vida que queremos caiba na vida que vivemos. Agir a partir de nossa integridade exige muita coragem! É um binômio: a integridade é motivo para a coragem; a coragem fortalece e protege a integridade.

É bom reforçar que viver com integridade não é apenas fazer o que é fácil ou divertido, mas sim se reconhecer inteiro e enfrentar os desafios dessa inteireza com ousadia. Tem a ver com escolher a mudança em vez do falso conforto, com escolher aquilo que sabemos que é o certo a fazer, e não o que é mais cômodo e costumeiro.

Tenho acompanhado muitas mulheres ao longo dos anos e visto o poder de viver com coragem a partir da vida delas. Esses dias, uma paciente, que vou chamar de Ana (nome fictício) chegou angustiada no consultório porque precisava fazer uma mudança importante na sua empresa. Ela é CEO e dona da empresa e estava em pleno processo de expansão da operação, montando uma filial em outro estado brasileiro. No meio disso, ela se sentia sobrecarregada e via a necessidade de contratar uma pessoa sênior para apoiá-la com o processo e, especialmente, com a equipe.

E neste ponto morava o problema: ela já tinha uma pessoa na equipe que estava com ela desde o início da empresa e que tinha certeza de que queria o cargo. E essa mesma pessoa era alguém com quem ela já tinha tido problemas de comunicação e que já tinha ameaçado sair da empresa por achar que Ana "era um trator, que não sabia conversar e que não tinha empatia". Era uma relação desgastada. Ela já havia até contratado uma consultoria de comunicação para ajudá-la, uma pessoa para fazer mediação de conflitos, mas nada parecia resolver. Ana se sentia em uma encruzilhada. Precisava de outra pessoa, porém não queria perder essa funcionária que lhe era tão importante. De um lado, não desejava que ela se sentisse desestimulada ou desconsiderada; de outro, sabia que ela não tinha o perfil para a função, mas se via às voltas com medo da repercussão da decisão. Estava paralisada diante desse cenário e não sabia o que fazer. O fato é que esse processo já tinha se tornado a sua normose, era um padrão que se repetia continuamente. Ela não sabia como transformá-lo e isso a esgotava, tirava dela o seu melhor.

Minha provocação para ela foi simples. Fiz apenas uma pergunta: "Você já perguntou para ela? Já perguntou como ela se vê na empresa, para onde ela desejaria crescer?". Ana parou, me olhou impactada e me disse: "Não, nunca perguntei, mas eu sei". Então, eu segui: "Que tal se desafiar e perguntar?".

É tão comum termos "certezas" sobre determinadas coisas que nunca checamos e deixamos que isso molde nossas escolhas e também nossas preocupações. Temos vários diálogos na nossa cabeça, várias discussões, mas não as levamos a cabo na realidade. Não falamos com quem realmente precisamos falar e isso se transforma em mais cansaço e sobrecarga mental... Quem nunca?

Ana estava escolhendo o conforto (que de confortável não tinha nada) de manter a dinâmica já conhecida por ela e que seguiria trazendo um resultado (e uma queixa) também já conhecida. Com a pergunta, eu a desafiei a fazer um movimento diferente e que poderia trazer um resultado diferente. Para isso acontecer, ela precisaria escolher a coragem de agir a partir do seu coração e se conectar com a sua real intenção sobre como gostaria de viver e sobre o que desejava para sua empresa, cuidando da relação com a sua funcionária. E não é que ela topou? Saiu da sessão com esse "dever de casa".

Na sessão seguinte, Ana voltou com um novo ar. Estava mais leve e feliz. Mais do que isso, estava se sentindo fortalecida e animada. Perguntei a ela o que havia acontecido, como tinha sido a semana e se havia conseguido colocar em prática nosso combinado. Ela disse que tinha resolvido tudo: não apenas tinha conversado com a colaboradora, como já tinha dado andamento na contratação da pessoa sênior de que precisava.

*Uau! Como foi isso?* E então ela me contou, orgulhosa de si, que abriu a conversa com a colaboradora e fez as perguntas que nunca tinha feito (e sempre presumido!). E a moça respondeu a ela que não se via na área de pessoas, que nunca tinha se imaginado naquele papel; que queria crescer na área comercial; queria gerenciar, sim, mas a equipe de vendas, e se via crescendo em direção a um dia ser supervisora de todas as lojas. E olha que interessante: era justamente essa a proposta que Ana gostaria de fazer para ela, mas temia que não quisesse ou que se sentisse desvalorizada. Resultado: ambas saíram da conversa mais felizes, se sentindo escutadas e alinhadas com o objetivo da empresa e com aquilo que fazia sentido para cada uma. Esse movimento trouxe um novo ânimo para Ana, que se sentiu confiante e acabou estendendo essa conversa sobre o futuro para outras colaboradoras da empresa. Assim, conseguiu mapear melhor os sonhos e as potencialidades da equipe e entender como poderia orquestrar cada pessoa dentro do time para que se sentisse bem e reconhecida, ao passo que a empresa se fortalecesse e crescesse.

Parece simples, não é? Porém, nem sempre é fácil ou confortável! Ana precisou de coragem! Precisou honestamente se reconhecer nesse movimento e escolher uma nova forma de atuar.

São pequenas ações que geram grandes transformações. Desde que essas ações estejam realmente ancoradas na nossa verdade e na nossa real intenção. E, quando colocamos elas em prática, fortalecemos a musculatura da coragem em nós e seguimos cada vez mais confiantes. É um caminho que vale a pena!

Ouso dizer que a coragem é a prática diligente do amor pela verdadeira vida humana e é o motor que permite que uma alternativa, mais autêntica, seja construída em meio a esse sistema.

## Nosso aliado, o limite

Você já ouviu a expressão *living BIG* (viver grande, em português)? É um acrônimo, assim como o C.A.B.E.R., cunhado por Brené Brown com os seguintes significados: B de *boundary* (limite, fronteira), I de *integrity* (integridade) e G de *generosity* (generosidade). *Living BIG* é uma grande expressão da coragem que falamos aqui. Viver grande é viver uma vida de coragem que envolve esses três pilares: limites, integridade e generosidade. E a ordem dos fatores altera completamente o produto! É fundamental que seja assim, nesta ordem: primeiro, limites; em seguida, a integridade; e, por último, a generosidade.

Para que sejamos verdadeiramente generosas com outras pessoas, precisamos, antes, ser capazes de colocar limites. E limite não é receita de bolo; passa pelo que está ok e o que não está ok para cada uma de nós, sem precisar de justificativas ou explicações.

**Limites são as fronteiras que definimos entre nós e os outros, que nos permitem amar e respeitar a nós mesmas enquanto amamos e respeitamos os outros.**

Podemos, então, perceber o porquê de o segundo mandamento cristão ser "Amar ao próximo como a si mesmo". Amar a si mesmo é condição basal para conseguir amar o outro de forma saudável. Digo isso para os meus pacientes construindo a metáfora do "tanque afetivo". Se não estivermos com nosso tanque afetivo preenchido, se não formos capazes de nos amarmos, fica difícil entregar amor genuíno. Não podemos dar ao outro o que não temos para nós e em nós! Assim fica claro que amor-próprio importa. E muito! Amamos o outro na medida em que somos capazes de amar a nós mesmos.

Definir limites, logo, é uma forma de expressão desse amor. É ter clareza e ser capaz de afirmar o que é aceitável e o que não é para nós, sem precisar de justificativas. Cabe a cada uma de nós construir esse espaço entre o eu e o outro, no qual é possível amar o outro, cuidar dele, respeitá-lo, enquanto eu me amo, me acolho e me respeito. E isso é o elemento fundamental para fortalecer a integridade: se colocar em um lugar de viver a vida incluindo tudo aquilo que se é e o que não se é. Não somente a parte "bonita", mas *tudo*.

Devemos começar pelos limites, ainda que não seja fácil! É o ponto no qual muitas vezes nos perdemos. Quando falamos desse assoberbamento crônico e sistêmico, aprender a colocar limites é um fator fundamental para começar a enfrentar o problema. Eu sei o quanto é difícil na prática. Várias vezes, ainda hoje, me perco nessa roda-viva e preciso parar para refletir e me centrar. É um processo sofrido e envolve uma gama de sentimentos porque, historicamente falando, não fomos ensinadas e, menos ainda, autorizadas a sequer pensar sobre isso.

Esses dias estava dando uma mentoria para líderes em uma empresa e surgiu o tema sobre limite e cansaço. Começamos a falar sobre o horário do expediente. Nessa sessão, havia algumas pessoas que eram chefes e outras que eram seus subordinados diretos. A conversa estava no campo das ideias e das boas práticas, quando alguém teve a coragem de aprofundar e trazer um exemplo real: "É difícil quando estou na empresa e vejo dar 19h, 20h e ninguém vai embora, o ritmo continua frenético... Como eu me autorizo a ir para casa e desfrutar do merecido descanso se os outros não vão, se minha chefe continua aqui? Como não pensar no que os outros vão pensar de mim, no que ela (a chefe) vai pensar? Quais as consequências dessa imposição de limites?".

Isso é real e não é fácil confrontar, pois, como venho reforçando, é um problema sistêmico e arraigado em nossa sociedade. Um workaholic é um ser admirado na nossa sociedade do cansaço e não deveria ser assim, pois o vício no trabalho tem por trás uma inabilidade de lidar consigo mesmo e de equalizar as necessidades em diferentes dimensões. Além disso, tem o aspecto de que acabamos reforçando (e premiando) a ineficiência e incentivando a procrastinação, porque se a pessoa consegue cumprir suas atividades no horário de trabalho, ainda assim, ela precisará ficar até mais tarde para se sentir validada ou parte do grupo, ou corre o risco de ser mal interpretada.

A mentoria deu pano para manga. É maravilhoso ver o que acontece quando alguém se autoriza, em um ato de coragem, abrir sua vulnerabilidade e trazer o que de fato precisa ser dito e conversado pelo grupo. Todos ganham, a conversa muda de tom e se aprofunda, saímos da margem para mirar o fundo! Naquele dia, não foi diferente. Ao abordar essa fala, no ambiente seguro que tínhamos construído, a chefe também teve a oportunidade de falar e trazer o que estava por trás de tal comportamento, compartilhou os seus receios e, assim, com maior compreensão e empatia, o grupo como um todo conseguiu propor novas práticas de trabalho. Naquela conversa, firmaram um novo compromisso que envolvia estabelecer um limite para finalizar o dia de trabalho.

Quinze dias depois, voltei à empresa para mais um encontro e o clima do grupo era outro. Eles me contaram que, eventualmente, ainda rompiam com o horário e com o limite estabelecido no último encontro, mas aquela já não era mais a regra. Agora, um cuidava do outro e, quando o horário ia se estendendo, eles mesmos começavam a se chamar atenção e a se ajudar mutuamente para terminar o dia. Todos estavam mais em paz com esse novo movimento e se sentindo mais produtivos dentro do horário do expediente. Que coisa boa!

No dia a dia, vivemos diversas situações como essa, na qual precisamos parar, observar, dialogar, refazer combinados e impor limites. Fazendo uma analogia com os filmes que citei, deixar como está por medo do confronto não trará novos resultados; fugir não mudará as coisas e acabará levando você a viver outros desafios semelhantes até que aprenda a colocar limites; ficar e lutar, delineando limites, promovendo os diálogos necessários e aprendendo a dizer "não" pode, assim, ser a melhor escolha, principalmente em um cenário em que estamos sobrecarregadas e exaustas, nos sentindo incompletas.

Então, vamos começar a fazer esse movimento agora mesmo? Autoflagelo, sacrifício e anulação de si mesma não são valores, nem são a melhor baliza para nosso desempenho, ok? Também não é prática saudável nos sacrificarmos demasiadamente para atender às expectativas das pessoas que amamos, como maridos, filhos, pais e amigos ou dos nossos chefes e colegas de trabalho, sem nos considerarmos na equação, sem nos incluirmos.

Ao extrapolar seus limites para atender aos outros, e fazer isso constantemente, você está envenenando sua saúde física e mental aos poucos, até que um dia não saberá mais quem é de verdade. Quantas e quantas mulheres que eu acompanho chegam justamente com esse sofrimento: "Estou perdida. Fiz tanto para tanta gente que acabei me perdendo de mim. Não sei nem de que música eu realmente gosto". Você já se sentiu assim? Esse ciclo vicioso, em médio-longo prazo, também envenena suas relações, porque você se nutre da mágoa e do ressentimento dessas experiências e espelha isso na sua maneira de interagir com outras pessoas.

Esse é o engodo de praticarmos a generosidade antes de garantirmos nossos limites e nossa integridade. E esse é o cuidado que precisamos ter. Quando falamos de garantir nossos limites é muito comum eu escutar das mulheres: "Mas, Thirza, eu não estarei sendo egoísta?". E eu quero contar para você que não, de jeito nenhum. Você estará sendo mais saudável e corajosa, saindo da normose. Você estará sendo adulta. Estará se incluindo na equação. E estará assumindo a responsabilidade por si, pelos seus afetos e pelos seus atos. Você estará se cuidando para transbordar cuidado na vida dos outros.

Muitas vezes, ao colocarmos a generosidade antes do limite, estamos, de fato, estabelecendo uma barganha afetiva. Pensemos juntas, honestamente: você faz tudo o que pode e não pode pelos outros, se sacrifica, abre mão de si mesma e das suas necessidades para ver os outros felizes. E o que você espera em troca? Reconhecimento, amor, afeto, respeito, cuidado… A questão é que, quando o reconhecimento não vem, o que você sente? Se entristece, se ressente, se magoa… Ou, ainda pior, coloca na sua conta, se empurrando ainda mais para a sensação de não merecimento e falta de valor próprio; assim, o cansaço e o esgotamento se fazem presentes. Percebe que isso não tem como funcionar? A longo prazo, essa dinâmica é extremamente danosa porque é como uma erva daninha, que vai nos enraivecendo, apequenando e construindo em nós a sensação de que não somos merecedoras e que valemos menos (porque, mesmo fazendo tudo para todo mundo, ainda não somos dignas de amor).

É claro que estou abordando o assunto de forma simplificada. Essa dinâmica é complexa e se sustenta em diversos fatores. Trago essa questão para que você comece a refletir e ver se faz sentido para você. É uma verdade doída, porém importante de se tomar consciência: quando colocamos a generosidade à frente de tudo, esperamos que os outros nos deem aquilo que nós mesmas não estamos sendo capaz de nos dar. Queremos que elas encham o nosso tanque afetivo, em vez de nós mesmas garantirmos isso pelo autocuidado; isso nos infantiliza, tira nossa potência e nos coloca como reféns dos outros. Por outro lado, quando colocamos limites, estamos nos lembrando de que nossas necessidades também são importantes e que nós somos dignas de cuidado e amor, os quais começam em nós e por nós mesmas, nos fortalecem como adultas e responsáveis e, assim, não fica pesado para ninguém! Nos liberamos de fardos desnecessários e também liberamos os outros de terem que nos suprir de algo.

A generosidade se torna verdadeiramente generosa quando desprovida de expectativa e ofertada a partir de nossos limites e nossa integridade. Aí sim, quando faço algo para alguém, estou inteira, com o coração e a intenção disponíveis, de forma saudável e nutritiva para a alma.

Todas nós queremos ser reconhecidas, todas nós queremos ser amadas, todas nós queremos sentir essa conexão verdadeira com os outros. Essas são necessidades básicas e primordiais de todos os seres humanos! Sendo assim, quando eu faço um ato de generosidade, se o reconhecimento vier, tanto melhor, acolherei com carinho e me fará bem, com certeza. Mas, se não vier, eu poderei encontrar minha paz porque agi dentro dos meus limites e o meu tanque afetivo estará preenchido. Eu fui capaz de garantir para mim, lá na base, na hora que eu coloquei o limite, aquilo que eu precisava. Maravilha! Isso é um ato de coragem e cuidado comigo e com os outros.

## Abraçando a vulnerabilidade

Viver é ser vulnerável! Quer você queira ou não, quer você compreenda isso ou não, à revelia de nossos caprichos, é assim que é a vida da gente. Não estamos no controle de tudo, vamos nos deparar com mudanças o tempo todo, vamos sentir várias coisas mediante as incertezas e os desafios da jornada. Reconhecer sua vulnerabilidade e abraçá-la é a coisa mais corajosa que você pode fazer por si mesma!

Acredito que você, assim como eu, aprendeu ao longo da sua vida que vulnerabilidade é sinônimo de fragilidade e manifestação de fraqueza, insegurança, medo. Se assim for, imagino também que entendeu muito cedo que o melhor, ou o certo a se fazer, era se blindar e se proteger o máximo possível para que ninguém visse essa fragilidade em você, certo? E, ao longo da vida, você ainda foi incrementando essas estratégias e armaduras de proteção com o desejo de ficar irreparável aos olhos dos outros, acertei?

Pois vamos agora desconstruir essa ideia e mostrar a face poderosa da vulnerabilidade como instrumento de autoconhecimento e transformação?

Brené Brown expandiu minha consciência e a de milhares de pessoas sobre esse tema ao apresentar, em um TED Talks, a palestra "O poder da vulnerabilidade" (Houston, 2011). Foi uma abordagem tão disruptiva, providencial e necessária que ela se tornou uma das palestras mais vistas da internet, alcançando mais de 20 milhões de visualizações e segue entre os TEDs mais vistos de todos os tempos. Posso dizer, feliz, que eu faço parte desse contingente, porque, quando tive acesso a esse conteúdo, vivi um grande alívio e um insight ao entender que a vulnerabilidade nada tem a ver com fraqueza ou algo que eu devesse esconder. Ela é um pilar da coragem, um instrumento de real posicionamento na vida, a coisa mais corajosa que eu poderia fazer por mim mesma.

Recebi esse presente e comecei a compartilhar essa visão em todos os ambientes que eu atuava na época: nas salas de aula da pós-graduação, nos trabalhos corporativos e entre os meus pacientes e mentorados. Eu queria que todos soubessem que está tudo bem se sentir vulnerável e, não apenas isso, queria que entendessem que é a partir desse sentimento que podemos viver o amor, o pertencimento e a sensação de valor próprio que tanto desejamos. Somente abraçando nossa vulnerabilidade podemos fazer a vida C.A.B.E.R. na nossa vida. Pense comigo: se não assumo que não estou dando conta, se sinto culpa quando descanso, se fico doente e mantenho o mesmo ritmo por medo de me prejudicar ou ser julgada, eu estou ignorando a minha vulnerabilidade. Mas ignorá-la não faz com que ela desapareça. Ela continua a existir.

O ato de grande coragem que precisamos ter é justamente reconhecer isso. Reconhecer que somos vulneráveis e, então, quebrar essa barreira e nos permitir sair do automático para acolher os sentimentos que nos dizem que estamos cansadas, precisando de pausa, precisando rever certas coisas que não fazem sentido para, assim, sermos capazes de cuidar do que precisamos. Guarde isso: para sermos capazes de nos cuidar, antes precisamos ser capazes de ver e reconhecer o que precisamos. Fazer isso é um ato de coragem e uma vulnerabilidade fundamental para nossa saúde.

Para Brené, a vulnerabilidade se sustenta em um tripé. Diz respeito a: (1) reconhecer e lidar com as incertezas, (2) reconhecer e se permitir correr riscos e (3) se expor emocionalmente. Faz parte do nosso despertar para agir. Porém, fomos ensinadas a mascarar e tentar controlar a vida, a evitar a todo custo os riscos, as incertezas e a exposição dos nossos sentimentos. Fazemos isso pelo medo de sermos feridas, pois acreditamos que a exposição de quem somos e do que estamos sentindo é sinônimo de baixar a guarda, de sermos fracas. Então vestimos uma armadura sem perceber que, ao negar a nossa vulnerabilidade, nos proibimos de viver muitas coisas que gostaríamos, sonhamos e acreditamos.

Costumo dizer para os meus pacientes que, ao colocar a armadura, você se protege do soco ou do tiro, mas também se protege do carinho e da flor. Melhor dizendo, quando você se protege por medo de ser ferida, também, sem querer, se protege da possibilidade de receber o amor. Você fecha as portas para as possibilidades de viver coisas incríveis, de aprender coisas necessárias e de ofertar ao mundo um bocado de ideias, virtudes e afeto.

O poder da vulnerabilidade está no mergulhar em nosso autoconhecimento de forma a estarmos atentas ao que estamos sentindo, ao como somos afetadas por isso ou aquilo, para então usar esse estado vulnerável como força de ação e transformação do que nos machuca e oprime e também como instrumento de aprendizado. Até mesmo perante aquilo que foge do nosso controle – como foi o caso da pandemia da Covid-19 –, a vulnerabilidade se mostra como um instrumento de inteligência emocional e adaptabilidade essencial para que passemos por grandes desafios. Deu para fingir que não tínhamos medo durante a pandemia? Deu para ignorar a dor do luto e a ansiedade que vivemos, principalmente antes das vacinas chegarem?

Contudo, para quem abraça a vulnerabilidade e a entende como algo natural na vida, a paralisia pode ser substituída pela coragem de seguir em frente, de buscar caminhos, de fortalecer laços, ajudar e pedir ajuda. Quem se prendeu à armadura não teve para onde escoar toda a carga emocional. Certamente sofreu muito mais intimamente do que as pessoas que se permitiram sentir sua vulnerabilidade, falar sobre ela e atravessar sua dor.

A vulnerabilidade, nesse sentido, é irmã gêmea da coragem. Reconhecê-la e se apropriar dela sem fugir nos ajuda a desenvolver a valentia de não desistir, mesmo quando as coisas parecem impossíveis. É a bravura de ser sincera consigo mesma e com os outros a respeito das suas dificuldades e se permitir pedir ajuda e recomeçar sempre que necessário. A coragem é a seiva que flui para a gente caber na vida. E ser vulnerável é o caminho para conseguirmos quebrar o paradigma da vida assoberbada, trocando-o pela escolha de uma vida mais conectada consigo e com os outros. Sem abraçarmos corajosamente a vulnerabilidade não conseguiremos transpor essa ponte e seguiremos entorpecidos e vivendo no frenesi automático e cruel que nos é legado. Sem abraçar nossa vulnerabilidade estamos mais suscetíveis a sermos coisificadas. É a vulnerabilidade que nos lembra da nossa humanidade. Ela é o lugar para nosso desenvolvimento, aprendizado e crescimento pessoal, à medida que nos despe do orgulho e nos coloca nus diante de nossas verdadeiras necessidades.

Todas nós temos emoções que nos movem, que nos motivam, que nos fazem sentir vivas. Reconhecer essas emoções é o primeiro passo para se conhecer melhor e se conectar com o que realmente importa. Entretanto, reconhecer não é suficiente, é preciso também ter coragem de expressar o que você precisa e o que é importante para você, mesmo que isso signifique enfrentar riscos e julgamentos.

## Não engula o choro!

Nossa vulnerabilidade precisa ter espaço para se manifestar e nos ajudar a aprender o que ainda não sabemos e queremos descobrir. Muitas vezes, a vulnerabilidade busca expressar-se pelas lágrimas, porém quem nunca ouviu um "engole o choro"? Fomos ensinadas que precisamos parecer fortes. Para isso, não podíamos demonstrar "fraqueza" (seriam nossas emoções?). Parece que demonstrar nossas emoções, no senso comum, se confunde com descontrole. Que falácia!

A gente se esquece que nosso organismo é extremamente inteligente e sistêmico, e tudo que ele nos oferece tem um porquê.

O choro, por exemplo, é um dos maiores reguladores emocionais que nós temos, um mecanismo de descompressão que nos permite aliviar o estresse e a recobrar o equilíbrio. Falo sempre para os meus pacientes e mentorados que chorar é alívio para alma, é a torneira da caixa d'água que, quando está prestes a transbordar, você abre para conseguir respirar de novo. Ele é um recurso seu! Livre e gratuito, por isso, use e abuse dele! Quem chora se refaz e consegue seguir em frente com mais leveza.

Represar as emoções ou sua manifestação não é o caminho para darmos conta de tudo! E definitivamente não é força. Há momentos em que a gente necessita somente chorar, chorar, chorar, chorar, até esgotar. Sou fã da "terapia do choro". Chorar é transbordar, pois o choro denuncia que tem algo que está em excesso dentro de nós e que precisa sair. Quando fazemos isso, desopilamos e então conseguimos enxergar algo que não estava claro antes. Por isso, se você costuma pedir desculpas quando o choro brota ou tenta estancá-lo a qualquer custo, quero pedir um favor, por mim e principalmente por você: não faça mais isso! Se respeite, se permita chorar. Isso também é colocar limites e reconhecer suas necessidades, é reconhecer e acolher a sua integridade. É também um ato de coragem que, diferente do que você possa pensar, não a fragiliza, te empodera!

E você pode escolher um lugar para isso, um espaço onde se sinta segura para se deixar transbordar. Pode ser o chuveiro, o ombro de uma grande amiga, a terapia, o seu companheiro... Pode ser um desses lugares ou todos. O importante é que você saiba qual é seu lugar seguro, onde possa simplesmente tirar as armaduras e se deixar desaguar.

## A sabedoria do nosso corpo

Falamos muito no livro sobre autoconhecimento, e o próximo capítulo tratará deste tema de forma mais aprofundada. Isso inclui também aprender a "escutar" a sabedoria do nosso corpo, que está sempre nos oferecendo gentilmente os sinais do que precisa, de seus limites e dos seus recursos de autocura. Daí a importância do *BIG* que falamos anteriormente e do limite como sendo o primeiro pilar. Quando extrapolamos nossos limites, o corpo envia vários sinais de fadiga, indicando que a gente precisa diminuir o ritmo e descansar mais. Distúrbios de sono, irritabilidade, dores musculares, sensação de névoa cerebral, taquicardia, fadiga, dores de cabeça crônicas, apatia... Tudo isso pode ser sintoma do excesso de trabalho e, inclusive, nos levar a quadros de saúde mais graves e crônicos.

O que muitas pessoas fazem ao se sentirem assim? Tomam doses cavalares de café, ingerem energéticos ou buscam nos doces aquela dose extra de energia. Em vez de descansar ou desacelerar, usam hormônios, estimulantes e psicotrópicos. Esses paliativos prejudicam ainda mais nossa saúde e não resolvem o problema, e ainda há grande chance de levarem ao adoecimento. Percebe a incoerência e o que o sistema normótico tem feito com a gente? Você está sofrendo, seu corpo está denunciando isso e você acha que está sendo fraca, que precisa dar conta. Então, coloca um monte de coisa para dentro, negligencia o que realmente está passando, engole o choro e continua no mesmo ritmo ou acelera ainda mais, deixando seu corpo e sua alma cada vez mais sedentos de atenção e cuidados. Falar sobre o que você sente e pensa é uma forma de se respeitar e se valorizar, além de criar oportunidades para se relacionar de forma mais autêntica e profunda com os outros.

Nosso corpo nos dá pistas de como nos sentimos em relação aos outros. Se queremos nos aproximar, se nos sentimos seguros ou se há algo que nos repele. Há uma sabedoria, que vai além da lógica e da linguagem. É uma sabedoria sensorial que, estando atentas, pode nos salvar em muitos contextos. Além disso, escutar o corpo ainda nos disponibiliza uma abertura necessária para escutarmos os outros. E, por falar em outros, eles também têm suas emoções, suas necessidades e seus valores. São vulneráveis, querendo ou não. Precisam de apoio, de compreensão, de acolhimento. Escutar a sabedoria do nosso corpo nos permite desenvolver a empatia para estar com o outro enquanto ele vive esses momentos, sem julgar, sem criticar, sem tentar resolver seus problemas. É buscar em você histórias e emoções que a conectem com o outro e com a emoção dele, sem perder a sua identidade, sem fugir da realidade, sem atropelar o processo. É sustentar o que você escolheu, seja uma amizade, um trabalho, um projeto, uma parceria, e se responsabilizar por isso. Aliás, esse é o cerne do E do C.A.B.E.R. que veremos mais adiante!

Temos um grande trabalho a realizar nesse contexto. Um trabalho importante no âmbito pessoal que a gente precisa começar a pôr em prática aos poucos: ter coragem, agir a partir do coração, escutar o corpo, ousar dizer a verdade, dizer "não", assumir quando nos sentimos vulneráveis, fazer movimentos que tragam consciência e coloquem mais gente para pensar junto sobre os padrões insalubres a que nos submetemos e, então, arriscar novos jeitos e modelos de viver. Podemos começar com coisas pequenas, por exemplo, com pausas para restabelecer as energias ou com um tempo sagrado para algo que faremos somente por nós.

Podemos falar a respeito disso com as pessoas que nos escutam, fazendo-as perceber que também não estão se respeitando quando não impõem limites. Aos poucos, à medida que nos permitimos tirar nossas vendas, que escutamos nosso corpo e acolhemos nossas vulnerabilidades, as pessoas começarão a ter certeza de que mudamos para melhor e estamos mais felizes, saudáveis e apropriadas de quem somos. Essa é a coragem que precisamos sustentar. Acho que é uma utopia que vale a pena tentar!

## Momento prático

Sugiro que pare de ler por cinco minutos para realizar este exercício:

1. Sente-se confortavelmente e respire de forma consciente (preste atenção na sua respiração). Faça algumas respirações conscientes.
2. Agora pense um pouquinho na sua vida e na sua relação com o tempo. Deixe os pensamentos e as imagens fluírem.

3. Olhando para o que vem, pergunte-se: que brecha posso me dar? Que compromisso de coragem posso fazer comigo mesma para sair um pouco do assoberbamento que sinto? Importante que seja algo que você possa executar apenas decidindo agora. Algo que faça sentido para você e que traga na essência essa intenção de ser para você descansar e estar consigo mesma. Um tempo só para você. Ah! E precisa ser algo novo! Queremos começar a abrir novos espaços de forma corajosa na sua vida! Para cada pessoa virão respostas diferentes, por exemplo: posso tomar meu café da manhã sem pressa, posso criar um momento de leitura ao final do dia antes de dormir, posso ter um momento de meditação ou oração, posso fazer um alongamento quando acordo, posso ir ao cinema sozinha no próximo sábado.
4. Tome nota de sua atitude corajosa e coloque em prática a partir de hoje!

# Capítulo 5
# Autoconhecimento autocompassivo

*"Conhece-te a ti mesmo! Torna-te consciente de tua ignorância e serás sábio."*
*(Filosofia socrática)*

Já entendemos que precisamos parar e, primeiramente, nos dar a dose de carinho que precisamos. Nos tratar de forma generosa, como sabemos tratar alguém que amamos incondicionalmente. Também precisamos entender o que nos descansa e, então, nos dar a permissão para descansar. Isso é algo que precisamos mapear: qual é o motivo real do cansaço que estamos sentindo? Por que frequentemente assumimos a voz crítica da insuficiência quando já estamos exaustas, e aí, em vez de nos darmos colo e fazermos uma pausa, exigimos ainda mais de nós? Onde encontrar as respostas e os caminhos para mudar isso?

Além dos aspectos sistêmicos que tenho pontuado nestas páginas, há algo que só você pode fazer por você e que pode ajudá-la a encontrar respostas e estratégias pessoais de enfrentamento dentro da normose cansativa em que vivemos: o autoconhecimento autocompassivo (AA).

Autoconhecimento é uma palavra autoexplicativa e que ouvimos com frequência, contudo nem sempre entendemos seu real significado e sua importância. Tem a ver com estar na vida de forma consciente e ser capaz de se observar e se reconhecer. Autoconhecimento é a própria razão da nossa jornada. É quando, pouco a pouco, vamos desvendando quem somos, o que queremos e o que não queremos para nós e perto de nós. Vamos compreendendo o que nos afeta, o que nos faz feliz e as características da nossa personalidade que desejamos mudar, expandir e transbordar. É um exemplo maravilhoso do que significa "abraçar nossa vulnerabilidade"; afinal, vamos estar frente a frente com tudo que somos no retrato de cada momento, o que achamos bonito e o que achamos feio em nós.

Esse olhar para dentro é um processo contínuo e necessário para que possamos segurar as rédeas da vida nas mãos, escolher as batalhas que valem a pena lutar e definir nossos limites para que a gente se transforme e possa, também, ser útil para outras pessoas, deixar um legado, construir algo bom nesse mundo.

O processo de aprendizado sobre nós mesmas acontece de forma única, em um ritmo próprio para cada pessoa, às vezes pelos caminhos do amor, às vezes pelo caminho da dor. Digo isso porque sinto que a vida sempre nos traz as oportunidades de crescimento e expansão de consciência, porém nem sempre entendemos os recados e repetimos padrões que nos levam a viver o mesmo tipo de desafio várias vezes, até que o aprendizado aconteça e possamos subir mais um degrau em nosso autoconhecimento.

Viver no automático, sem parar para pensar no que fazemos, escolhemos, sentimos e entregamos ao mundo é uma forma de fuga deste encontro com o espelho da nossa alma nua. Precisamos pensar que mesmo se não olharmos para este espelho, quem somos continua lá, esperando para ser visto, reconhecido, acolhido e lapidado. A gente precisa convidar nossa verdade para um café pelo menos uma vez por semana! Colocar o papo em dia, discutir amorosamente a relação, entender se nossas "personas" estão mantendo a essência saudável, abrindo espaço para que a verdade possa estar sempre presente na nossa vida. Entretanto, se vivemos assoberbadas e exaustas, não encontramos tempo para este encontro com a gente mesmo, e nossa verdade acaba ficando em silêncio, guardada em uma caixinha de música onde a bailarina já não dança mais.

Precisamos buscar autoconhecimento e fazer isso de mãos dadas com a autocompaixão para que, ao olharmos esse espelho d'alma, o façamos de forma amorosa, compreensiva e construtiva. Sim, a autocompaixão precisa ser sua grande companheira de viagem, se você quiser realmente se conhecer e estar na vida de forma autêntica, corajosa e íntegra. Isso é tão importante! Por isso, neste livro trago o A do C.A.B.E.R. ao quadrado. Por isso, nomeio o autoconhecimento autocompassivo (AA). Sem a autocompaixão, o conhecer-se a si mesmo pode ser muito árido.

Precisamos ter sempre conosco os três pilares da autocompaixão que Neff (2017) mapeou:

1. **Autobondade:** isto é, falar consigo da mesma maneira que você falaria com quem você ama. Você já observou como somos críticas conosco? Falamos de um jeito tão duro com a gente! Somos exigentes e falamos conosco, dentro da nossa cabeça, de uma forma que jamais falaríamos até com nosso pior inimigo. Mas, com a gente, a gente fala! Então, Neff nos apresenta uma alternativa mais saudável, afetiva e amorosa. Ela nos sugere trocar a voz crítica e punitiva por uma mais bondosa, nos sugerindo que, em momentos difíceis, se faça o exercício de imaginar como você falaria com alguém que ama muito e que está sofrendo, ou que fez algo que não se orgulha e está passando alguma dificuldade. Tente dirigir essa fala a você! Esse é o primeiro grande recurso da autocompaixão e nos apoia a continuar no caminho do autoconhecimento quando eventualmente não nos orgulhamos do que fizemos ou caímos em buracos já conhecidos.
2. **Humanidade compartilhada:** reconhecer que, embora pareça, isso que você está sentindo não é só seu. É humano, é nosso. Por isso a importância de partilhar. Por isso a importância de reconhecer a nossa vulnerabilidade. O processo de autoconhecimento é pessoal e intransferível, mas ele é mais gostoso e menos árido quando feito acompanhado. Nós somos seres relacionais e surgimos nas relações. Então,

quando compartilhamos e podemos escutar do outro um sonoro "eu também" ou quando escutamos alguém contar uma história, isso aplaca nossa sensação de solidão e inadequação em nossas dores e nossos conflitos; por si só, isso já é um bálsamo para alma.

3. **Atenção plena:** é estar presente no aqui-agora, sem deixar que a ansiedade quanto ao futuro ou ao passado tire o melhor de você. Sem desconectá-la do que é possível agora. Aqui cabe bem o papel de auto-observador, que Eckhart Tolle trata em *O poder do agora* (2018) e Rafael Echeverría aponta em *Ontología del linguaje* (1994), trazendo a importância de estarmos sempre presentes, como observadores da nossa mente, dos nossos pensamentos e emoções, bem como das nossas reações. E que, como observadoras, estejamos tão interessadas nas nossas próprias reações como na situação ou na pessoa que nos fez reagir.

É nesse estado de presença que conseguimos nos distanciar e observar se nossas ações e nossos pensamentos estão em harmonia com nossa essência e verdade. E, diante de cada situação, temos três opções: abandoná-la, mudá-la ou aceitá-la totalmente. Mas, uma coisa é certa, o autoconhecimento autocompassivo nos liberta e nos impulsiona, nos ajuda a ampliar nossa autoconfiança e nosso amor-próprio e isso atua positivamente na nossa crença de que somos capaz de transformar nossa realidade de expressar o melhor em nós.

Sempre digo para os meus pacientes e mentorados quando começamos a caminhar juntos: "Agora, é um olho para fora para o que acontece na sua vida; e um olho voltado para dentro, observando atentamente o que se passa em você e com você quando algo acontece". Essa é a atenção do autoconhecimento. É quando conseguimos sair do automatismo e começamos a construir um olhar observador (não julgador!) sobre o que somos, sobre como somos e como agimos e reagimos. Quem quer se autoconhecer está fazendo a escolha de percorrer constantemente o caminho da consciência. Como uma frase popularmente atribuída a Jung: "quem olha para fora sonha, quem olha para dentro desperta". Autoconhecimento é este despertar!

Nesse processo, podemos e precisamos contar com a ajuda e o olhar de outras pessoas que nos ajudam a ver aquela espinha que está na ponta do nosso nariz, mas que nós mesmos não conseguimos enxergar a não ser que nos olhemos no espelho, sabe? Essas pessoas funcionam como um espelho que traz clareza para o que estamos passando. É interessante também prestar atenção em duas coisas. A primeira é como escolhemos contar nossa história para diferentes pessoas, como elaboramos nosso pensamento e o que escutamos quando falamos em voz alta, na presença do outro, nossa própria história. Isso é muito rico e, por si só, terapêutico. A segunda é como nossa história pode ser vista de diferentes perspectivas quando as pessoas que nos escutaram nos devolvem suas percepções.

Se posso lhe dar um conselho é este: tenha pessoas em quem você confia na sua vida, que escutem e acompanhem você, a quem você também escuta e que, você sabe, terão coragem de lhe dizer a verdade. Saiba quem elas são e deixe claro o papel importante que têm. Nas minhas mentorias, chamo essas pessoas de "amigas de alma", são suas testemunhas de vida. Todos precisamos dessas amigas, porque elas nos ajudam a lembrar quem somos quando nós mesmas esquecemos!

Assim foi para mim e segue sendo. Quando as coisas apertam ainda hoje e a voz crítica grita alto, sei que me torno muito dura e bem pouco generosa comigo. Aí lembro que tenho para quem ligar! Tenho ombros que me acolhem e tenho sempre uma escuta amorosa e mais generosa que eu mesma que me resgata e me fortalece. Essas pessoas me lembram de mim quando eu mesmo esqueço, me lembram de quem eu sou e me ajudam a voltar para casa. E, outras vezes, sou eu o ombro e a escuta amorosa de alguém. E, assim, a vida segue menos dura e mais possível. Como precisamos disso! Como é curativo! É a expressão viva da humanidade compartilhada e experimentada quando escolhemos viver com autocompaixão.

Durante a pandemia, vivi outro momento que não consegui nomear. Sou psicóloga, psicoterapeuta e mentora há 20 anos, apoio meus pacientes e clientes nos seus episódios de crise de ansiedade e pânico, acompanho líderes em *burnout* no seu processo de reconhecimento e reestabelecimento. Sei quais são as características e os sintomas dessas doenças com muita clareza. Mas (olha a incoerência e ambivalência humana), quando aconteceu comigo, sequer considerei qualquer uma dessas hipóteses. Não consegui identificar por conta própria. Foi preciso buscar ajuda externa, conversar com um médico, amigo querido, especialista em sono (fui buscá-lo porque estava tendo insônia e não estava entendendo o porquê). Foi ao contar para ele em voz alta o que estava acontecendo que me dei conta: "Meu Deus, tive uma crise de ansiedade". Precisei desse espaço protegido, na presença de um amigo em quem confio, para que pudesse reconhecer e nomear o que estava me afetando. Esse episódio me fez refletir mais uma vez sobre a vulnerabilidade, sobre a importância de termos espaços protegidos e seguros para que ela possa aparecer, sobre a importância da qualidade das nossas relações na vida, sobre a importância de reconhecer nossas próprias limitações e a necessidade de contar com o apoio de outras pessoas para nos ajudar a enxergar e lidar com aquilo que, sozinhas, se torna difícil.

Poder falar isso para ele e me dar conta do que estava se passando com mais clareza, a partir de um espaço de AA e acolhimento, abriu a possibilidade de me deixar cuidar e de atravessar aquele momento difícil para reestabelecer minha saúde e meu bem-estar. Foi um processo de quase um ano e passou.

Experiências como essa seguem acontecendo todos os dias, assim como a vida segue. Recentemente, durante minha sessão de terapia, relatei algo que estava me angustiando ao analista. Ele imediatamente me trouxe clareza sobre um padrão de comportamento que eu não havia percebido. Uau! Essa percepção trouxe uma sensação de paz e confiança de que eu poderia lidar de forma serena com a situação, mesmo que o problema em si não fosse ser sido resolvido imediatamente. Enxergar é o primeiro passo para poder lidar com qualquer coisa, mesmo que sejam situações desafiadoras e difíceis de encarar. É a primeira coisa para conseguirmos transformar o que nos incomoda. E ter apoio para isso não encurta o caminho, mas diminui o fardo. Por isso, quero reforçar que você não precisa viver seus processos de autoconhecimento sozinha. Você pode e deve pedir ajuda seja para seus "amigos de alma", seja uma ajuda especializada! Pedir ajuda já é uma expressão do seu AA. Já é um reconhecimento corajoso de que você vale a pena e merece cuidado.

Além disso, compartilhar experiências com outras pessoas que também estejam comprometidas com AA costuma ser inspirador e encorajador. É bom e saudável fazermos parte de rodas de conversas, redes de apoio, conversarmos com outras pessoas; outras mulheres e, se possível for e assim você sentir, buscar apoio terapêutico nessa jornada que Jung chama de individuação. Ele diz que "A individuação, ou seja, o desenvolvimento na direção do ideal arquetípico do si-mesmo é um exercício de integração, diálogo, intimidade e cooperação entre as forças externas e as exigências internas" (2013, p. 16).

A individuação à qual Jung se refere é o resultado do processo de AA, é a apropriação paulatina de si mesmo que vai nos fazendo fortalecer. Todavia, é preciso reconhecer que esse caminho pode ser um processo bastante desafiador, pois muitas vezes exige que enfrentemos medos, sombras e padrões disfuncionais. Precisamos nos ver com nossas expectativas, ilusões, projeções e frustrações.

No entanto, é justamente nesses momentos de vulnerabilidade que encontramos a oportunidade de crescer e nos transformar verdadeiramente. E esse reconhecimento de si mesma é um presente valioso que você pode e deve se dar. O caminho da individuação é também o caminho da autenticidade.

Tenho usado a palavra autenticidade ao longo do livro e quero marcar o que ela realmente quer dizer. Nas pesquisas de Brené Brown, ela chegou a um conceito de autenticidade que é tão simples e tão desafiador ao mesmo tempo. Autenticidade é "a prática diária de abrir mão daquilo que você acha que outros esperam de você para se permitir ser exatamente quem você é" (2012, p. 78). É correr o risco de frustrar o outro para se manter honesta e íntegra consigo mesma. Diariamente. Sempre. Um processo contínuo.

O autoconhecimento é esse processo. É também o caminho para a compreensão de que não somos onipotentes e que não precisamos dar conta de tudo o tempo todo. A verdade é que é o reconhecimento de que não damos conta de tudo e está tudo bem. E só conseguimos genuinamente dizer "está tudo bem" quando aliamos o autoconhecimento à autocompaixão.

Quando estamos nos descobrindo e desbravando novas formas de caminhar, é natural que eventualmente caiamos em buracos conhecidos, repitamos padrões que nos machucam e nos sintamos fracassados. Vejo isso acontecer diante dos meus olhos, no consultório e nas mentorias, todos os dias. Quando algum paciente, em seu processo, se dá conta de que caiu em um padrão que lhe é doloroso ou quando alguma mentorada se dá conta da repetição de um estilo de fala mais duro e pouco piedoso, já mapeado e conhecido, é comum ouvir frases do tipo: "Não é possível! Que raiva de mim! De novo? Eu já sei disso! Quantas vezes ainda terei de cair nesse buraco para aprender?". É interessante o que fazemos com a gente, você percebe? É quase como se, quando a pessoa aprendeu algo, ela não está mais autorizada a errar e, logo, merece ser punida ou penalizada por isso. É o que fazemos conosco quando usamos o autoconhecimento sem a dose necessária de autocompaixão, viramos algozes de nós mesmos!

Digo sempre para os meus clientes, quando os escuto com frases desse tipo, uma metáfora simples. Pergunto: "Você sabe andar?". A resposta normalmente é "sim", com uma carinha intrigada de "onde ela quer chegar com isso?". E eu continuo: "Você sabe correr?". Em geral, vem outro "sim". E, então, eu pergunto: "E você já caiu? Já escorregou enquanto caminhava ou corria?". A pessoa novamente responde "sim". Daí eu digo: "É a mesma coisa! Saber andar não é garantia de que você não vai, eventualmente, escorregar ou cair. É claro que você pode caminhar de forma atenta e cuidadosa para evitar isso, porém não é uma garantia de nunca cair. Pode acontecer! E quando acontecer? Você vai se ressentir e dizer que não sabe andar ou que não vai andar nunca mais? Ou vai se levantar, cuidar dos machucados e das possíveis feridas e depois voltar a caminhar?". Esse é o mesmo processo do autoconhecimento. Ele não é um caminho para a perfeição e para evitar que erremos, senão a certeza de que vamos, sim, cair e, quando isso acontecer, saberemos o que fazer para nos levantar e seguir em frente. Faz sentido? Em geral, depois disso, meus clientes respiram fundo e se sentem, pelo menos, aliviados e com espaço interno para sair do lugar de julgador e voltar para o lugar de auto-observador. É poderoso e importante esse processo para seguirmos a jornada.

No caso de nós, mulheres, esse processo de AA permite que nos desafiemos corajosamente a tirar as vestes da Mulher-Maravilha sem culpa, pois, realmente, o autocuidado que floresce do autoconhecimento e da autocompaixão dissipa a culpa e é um reflexo bastante apropriado de que estamos amadurecendo e aprendemos a impor e sustentar nossos limites a partir da observação de nós mesmas.

Concordo com quem diz que deveria ou poderia ser mais fácil sermos autênticas e fiéis a quem somos. Mas, como já vimos incansavelmente, em um mundo onde somos moldadas por expectativas externas e responsabilidades infinitas, essa busca interna acaba sem espaço e negligenciada. Aí está o motivo dessa convocação: que você pare um pouco e se dê tempo de olhar para dentro e despertar a natureza selvagem que há em você.

Em *Mulheres que correm com os lobos*, de Clarissa Pinkola Estés (2014), a psicóloga explora a essência feminina e como ela foi, ao longo do tempo, domesticada e aprisionada por padrões sociais e expectativas externas. Estés acredita que as mulheres precisam resgatar sua natureza selvagem, seu "*self* selvagem", para (re)encontrar plenitude e autenticidade, conforme vários caminhos simbólicos.

Brené Brown sugere algo semelhante em quase todos os seus livros, abordando a vulnerabilidade como um portal para o desenvolvimento pessoal. Mas é especialmente em *Coragem de ser você mesmo* que ela se refere à "natureza selvagem", aquela parte mais essencial em nós, aquela que não se deixou domesticar e que segue em nós como uma chama interna. A autora diz que é essa chama que precisamos buscar se quisermos não sucumbir às imposições sociais, se quisermos sair da sensação de insuficiência e das comparações. É na natureza selvagem que encontramos nosso real pertencimento e que sustentamos nossa autenticidade. E o AA é essencial para isso.

Oriah Mountain Dreamer, escritora de livros como *O convite* (2000) e *A dança* (2003), também nos encoraja a explorar nossa natureza selvagem, a nos reconectar com a nossa essência e a encontrar coragem para seguir nossos próprios caminhos com autenticidade. Vou parafrasear alguns trechos do poema, intitulado "O convite", que sempre me convocam:

> *Não me interessa a sua idade, quero saber se você vai se arriscar a parecer tola por amor, pelo seu sonho, pela aventura de estar vivo. Não me interessa o que você faz para ganhar a vida, quero é saber o que sustenta você a partir do seu interior, quando todo o resto desmorona. Quero saber se você consegue ficar sozinha consigo mesma, e se você realmente gosta da sua companhia nos momentos vazios.*

Como isso lhe toca? A mim soa como uma convocação potente para me voltar para dentro e encontrar as forças mais profundas em mim, que me fazem ser quem sou. E você?

Trago todas essas referências de Clarissa, Brené e Oriah (perceba minha intimidade), mulheres incríveis, para estimulá-la a buscá-las durante a jornada de autoconhecimento e autocompaixão. Adquirir novos conhecimentos por meio de livros e conteúdos fundamentados, de mulheres que estão fazendo (ou já fizeram) a mesma jornada que estamos nos permitindo fazer, é uma boa prática que nos encoraja e nos traz esperança e recursos novos.

Uma pergunta essencial: você gosta da sua companhia? Venho aprendendo na jornada, com acertos e quedas, que somente podemos amar verdadeiramente a qualquer outra pessoa se primeiramente nos amarmos e gostarmos da nossa própria companhia. E isso é uma conquista do AA. Quando pacificamos nossa relação conosco, não despejamos no outro nossas carências e expectativas, não criamos um amor idealizado para viver, mas conseguimos viver um amor em que dois inteiros se encontram para trocas maravilhosas e aprendizados construtivos, sem dependência emocional.

Nossa relação com o trabalho e as tarefas que assumimos no dia a dia tem a mesma natureza: só conseguiremos fazer a vida C.A.B.E.R. na vida se nos dispormos a nos amarmos e respeitarmos nossos limites, mantendo nosso tanque afetivo cheio. E para isso é preciso encarar o autoconhecimento autocompassivo.

## Pilares do autoconhecimento

Os pilares do autoconhecimento são tantos! O primeiro deles é a *coragem* de se disponibilizar para essa descoberta, esse interesse em se conhecer um pouco mais, em se trabalhar, em se reconhecer no mundo, em se perceber nas relações.

Outro pilar é a *inteligência relacional e intrarrelacional.* A palavra "inteligência" vem do latim *intelligentia*, que provém de *intelligere*, termo composto por *intus* (entre) e *legere*, que significa escolher ou ler dentro. Ou seja: você ser capaz de ler a si mesma, de ler dentro de si. Essa é uma habilidade importante. Ao desenvolver seu autoconhecimento, você está desenvolvendo a inteligência de se perceber no mundo, ampliar a sua consciência e saber se relacionar melhor com tudo e com todos.

E, por falar em inteligência, precisamos convocar a *inteligência emocional*, a sua capacidade de reconhecer e lidar com suas emoções e seus sentimentos e também com as emoções e os sentimentos alheios. Ela é fundamental, uma vez que é âncora da sua autopercepção. É preciso ampliar nosso repertório e vocabulário emocional, para então saber lidar e escolher como lidar com as emoções que nos acometem. Quando você amplia seu léxico emocional, aí sim se torna capaz de começar a desenvolver a autorregulação emocional. Você entende melhor os seus gatilhos e quais são as suas armadilhas, consegue se proteger, se prevenir de maneira mais efetiva; você sai de uma postura de evitação de determinadas situações e começa a construir estratégias de enfrentamento, e não mais de fuga. Quantas coisas na nossa vida são armadilhas e a gente vai se tornando refém delas, achando que não há nada que possamos fazer para mudá-las? É assim que acabamos nos resignando e aceitando como "normal" essa sobrecarga tão grande da vida que não cabe na vida da gente.

Fiz a escolha de abordar o autoconhecimento com a autocompaixão, dizendo a você que é o A ao quadrado, ou AA. Mas, gosto de pensar também que o AA é, na verdade, um guarda-chuva que abraça muitos outros As: autocompaixão, autoaceitação, autoconfiança, autoestima, autocuidado e, acima de tudo, amor, seja por si mesma, pela vida, pela nossa casa – a Terra, pelas outras pessoas ao seu redor. Todos esses elementos são pilares do autoconhecimento e um abastece o outro. À medida que você os fortalece, nutre em si a sensação gostosa de que, sim, você é suficiente e merecedora, você pertence a si mesma; de que, sim, você pode escolher, pode dizer "não" para algumas situações; sim, pode repensar a vida e recriá-la quantas vezes se fizerem necessárias, como vamos ver no R do nosso acrônimo.

É libertador se permitir fazer escolhas diferentes, se priorizar e definir aquilo que é importante para nós a partir do nosso lugar mais autêntico. É uma sensação de autorização interna e de autoconfiança que nos permite fazer os movimentos e ativar todo o poder da nossa vulnerabilidade. À medida que nos conhecemos mais e melhor, nos fortalecemos e começamos a correr alguns novos riscos, a nos expor emocionalmente, e vamos aprendendo a lidar com as surpresas da vida, que já a aceitamos como impermanente e com mistérios que nos transcendem.

Você vai, às vezes, caminhar por jardins floridos, e outras vezes irá tropeçar, se contrapor, sentir que deu passos para trás. Desconstrua o sentimento de fracasso, pois somente avança em autoconhecimento aquela pessoa que cai e levanta várias vezes, que testa, que não desiste, como vimos na metáfora do andar. Talvez você sinta medo e fale: "Ai, meu Deus, será que vou perder isso, será que vou ser julgada, será que ainda vão me admirar depois disso?". É nessa hora que você chama a sua coragem pelo nome e se dispõe a aceitar alguns conflitos internos e externos que seu movimento possa causar. Afinal, você decidiu respeitar a sua integridade, seus limites e suas verdades e isso pode mesmo frustrar as expectativas dos outros a seu respeito. O que posso dizer é que vale a pena fazer os movimentos que façam com que a vida que você quer caiba na vida que você tem. Vale a pena correr o risco e sustentar a transformação. Porque não é sobre o resultado; é sobre o seu porquê, é sobre seus valores, suas motivações; é sobre o que vale a pena lutar. E descobrir tudo isso é o grande exercício do AA.

Um outro pilar do autoconhecimento é a *flexibilidade*. Uma virtude de quem consegue se desapegar mais rápido daquilo que deixou de fazer sentido e aceitar as mudanças como sendo simplesmente a vida acontecendo. Na presença da flexibilidade, conseguimos abrir mão de algumas coisas e deixamos fértil o terreno para as coisas novas que virão. Ao ser flexível, você solta a rigidez, as certezas absolutas, a necessidade de estar certa. Você veste o chapéu de aprendiz, permitindo-se mudar de opinião, aceitar que o que você pensa não é uma verdade absoluta e se oportuniza a escutar com empatia a versão de outras pessoas sobre qualquer assunto. Ser flexível é também ceder a coisas que não afetam sua integridade, nem ferem seus princípios e valores (nem a integridade e os valores dos outros!). É entender que, mais importante que ganhar uma discussão, é encontrar um caminho no meio, um lugar de harmonia com o outro e consigo mesma.

Agora, para ser flexível, você precisa conhecer seus inegociáveis. Isto é, existem aquelas coisas que fazem de você quem você é, que a conectam com sua natureza selvagem. Essas são as coisas pelas quais vale a pena lutar e não abrir mão. Conhecendo seus inegociáveis, é possível flexibilizar aquilo que não os afeta e distinguir o que é importante para você se posicionar de forma mais autêntica e íntegra. E, para tal, é necessário se conhecer e amar quem você é. Quem se conhece e se ama pode ser flexível.

## Qual é o seu posicionamento pessoal?

Quero convidar você para perceber qual é o seu posicionamento e o seu poder.

*Isso sou eu.* Essas três palavrinhas podem ser a chave para saber por onde começar. O posicionamento pessoal é reflexo daquilo que acreditamos, desejamos e valorizamos e de como queremos nos colocar diante da vida.

É uma fórmula:

Posicionamento = (identidade + clareza de valores) x visão de futuro

Precisamos ter clareza do nosso posicionamento e tê-lo como a bússola da nossa conduta diante da vida se não quisermos sucumbir à sociedade do cansaço e à normose. O nosso posicionamento é fruto do C.A.B.E.R. como jornada. Se posicionar, a partir dessa fórmula que desenvolvi depois de todos esses anos de trabalho, é ter a coragem de ser autêntica, fundamentar suas escolhas e dizer ao mundo: "Esta sou eu, este é meu desejo e eu o sustento com intenção e atenção".

No entanto, é importante ressaltar que esse posicionamento não deve ser confundido com teimosia ou inflexibilidade. Como você viu, é uma fórmula que se constrói a partir do seu AA: na autoinvestigação sobre sua identidade (natureza selvagem), nos valores que guiam suas escolhas de vida, nos seus inegociáveis e em sua visão de futuro, seus sonhos e seus desejos. Tudo isso reconhecendo e valorizando seu conhecimento, suas experiências e suas reflexões pessoais. Ao começar a se fortalecer e se posicionar, é comum que você enfrente críticas e julgamentos. Então, o medo da reprovação social pode ser um grande obstáculo para seu posicionamento. No entanto, quando você aplica essa fórmula e se apropria de cada um dos seus elementos, consegue se posicionar com mais propriedade e leveza, a partir de seus valores e suas perspectivas. Isso a fortalece para lidar com o fato de que nem todos concordarão com o seu posicionamento e ainda assim você terá coragem de sustentá-lo. Esse é um passo importante para amadurecer e encontrar sua natureza selvagem e é uma conquista do C.A.B.E.R. como jornada.

Vamos destrinchar cada variável desta fórmula do posicionamento?

## Quem é você? (identidade)

Eis uma pergunta que nos desconcerta. Qual é a resposta correta? Tem um autor que eu gosto muito, Stuart Hall (2006), que diz que não existe tal coisa como "identidade". Para ele, na verdade, estamos em um "processo de identificação" (p. 7) constante, sempre nos pensando e repensando diante da vida, sempre nos transmutando. Gosto dessa ideia, mas penso que há as duas coisas: a identidade, com um núcleo mais profundo e essencial, e os processos de identificação que vivemos ao longo da vida. Se lembramos da flexibilidade necessária para o processo do AA, podemos reconhecer que a única certeza que temos é a da mudança e ela é um processo de interlocução irrefutável entre nós e o ambiente; a cada movimento que fazemos, impactamos o mundo exterior e ele também se transforma, nos impactando, reagindo ao que fizemos. São esses os processos de identificação.

Já a identidade é esse núcleo mais profundo que há em você, aquilo que há de mais essencial, a sua natureza selvagem que, independentemente do contexto no qual esteja ou do papel social que desempenhe, você se reconhece. É aquilo que se chama pelo seu nome. Esse lugar interno, a natureza selvagem, costuma ser mais permanente e é ele que precisamos ter em perspectiva quando pensamos nosso posicionamento e quando vivemos nosso processo de identificação ao longo da vida.

Para ajudar você nessa apropriação da identidade em meio ao processo de identificação, vou descrever algumas atitudes fundamentais do AA para você usar como guia sempre (marque esta página para que você sempre possa se voltar a ela quando precisar lembrar):

1. **Seja uma buscadora e desperte o desejo de se conhecer:** desperte sua curiosidade sobre si mesma. O primeiro passo é reconhecer a importância do autoconhecimento e desejar embarcar nessa jornada. Conhecer a si mesmo é um processo desafiador, por vezes doído, mas absolutamente enriquecedor e natural da vida.
2. **Busque leituras e reflita sobre elas:** a leitura de livros que abordam o tema do autoconhecimento pode ser uma forma de convocar a reflexão e despertar novas percepções sobre si mesmo. Leia poesia e outros livros que conversem com sua alma. Nesta obra abordo várias referências, mas existem muitos outros livros, vídeos e artigos que você pode acessar para ampliar seu repertório de conhecimentos sobre o tema.
3. **Experimente práticas terapêuticas:** participar de vivências em grupo ou individuais também ajuda você a se manter firme no processo de AA. São meios eficazes de obter um olhar mais profundo sobre si mesmo. Essas práticas oferecem um espaço seguro para explorar emoções, crenças e comportamentos.
4. **Busque conexões significativas:** essas são os "amigos de alma" sobre os quais já falei aqui no livro. Encontre os seus! Tenha pessoas com quem você possa ter conversas profundas

e significativas. São amizades verdadeiras que testemunham a sua vida, respeitam você e estão dispostas a ouvir sobre suas inquietudes, medos e anseios e dar feedbacks honestos e cheios de afeto. Ter amigos de alma é importante, pois eles servem como um lembrete de quem você realmente é quando você mesma se esquece.

5. **Pratique a autocompaixão:** seja gentil consigo mesma ao longo dessa jornada. Reconheça suas falhas e não se culpe por elas. A autocompaixão nos ajuda a lidar com nossos erros e nossas fraquezas de uma maneira saudável, permitindo-nos colocar a vulnerabilidade a serviço da nossa evolução. Ela não é um olhar condescendente sobre si mesmo. Muito pelo contrário. Ela é a emoção acessada para se lembrar de que você é digna de amor e capaz de fazer as transformações necessárias, sejam quais forem. A autocompaixão nos conecta com nossas forças e nossa potência para nos posicionarmos de forma mais coerente e verdadeira para nós.

6. **Faça perguntas poderosas:** faça perguntas profundas a si mesma, como: quem sou eu neste momento da vida? Quais são meus valores e propósitos na vida? O que me faz realmente feliz? Essas perguntas nos permitem refletir sobre nossa identidade e nossos processos de identificação a cada momento e direcionam nossas ações para uma vida mais autêntica e satisfatória.

7. **Cuide de sua dimensão espiritual:** não importa qual é a sua religião ou se você tem uma religião: você é dotado de uma dimensão espiritual na qual reside sua busca pelo sentido da vida, pela realização e pelo seu propósito pessoal. Meditar, orar, agradecer, perdoar, ficar presente em tudo que faz são práticas que conectam você com sua espiritualidade e proporcionam mais clareza mental, paz interior e insights profundos sobre si mesma, fortalecendo seu posicionamento.

## Quais são seus valores?

Sempre estamos atuando a partir de algum valor, conscientes disso ou não. Agora, quando escolhemos os valores que queremos usar como guia, nossas escolhas ficam muito mais fáceis e coerentes. Nossos valores-guia compõem, de forma fundamental, a lamparina que norteia o C.A.B.E.R. Eles são a luz necessária em meio à escuridão. Sabe quando tudo fica escuro e você não sabe para onde ir? Precisamos acender alguma luz, não precisamos de um farol gigante. Uma luz de lamparina já é suficiente para nos dar visibilidade e segurança para seguirmos em frente. Os nossos valores têm essa função, eles são essa luz, especialmente em momentos de conflito, de dúvidas e de dilemas. Mas, para funcionar bem, precisamos ter a lamparina em nossas mãos, não podemos soltá-la. Precisamos proteger a chama.

Nesses momentos, é comum que nossas emoções estejam à flor da pele e, embora sejam bem importantes para nos denunciar sobre o que precisamos cuidar, elas não nos ajudam a nos posicionar. São os nossos valores que nos ajudam a recobrar nossa integridade e pensar de acordo com aquilo que é mais coerente com nossa identidade, com a forma que queremos nos posicionar em cada situação. Por isso, é tão importante ter clareza dos seus valores e saber quais você quer usar como guia das suas ações e quais melhor expressam a maneira como quer se posicionar na vida. Conhecer seus valores também auxilia a ter clareza do que é negociável e inegociável para você. E os seus inegociáveis são parte fundamental da proteção da sua lamparina. São eles que garantem que a sua luz vai se manter acesa.

## Quais são seus valores-guia?

Nossa saúde mental passa pelo estabelecimento de limites que construímos e declaramos a partir da consciência do que é inegociável para nós. Quem ajuda na determinação dessas fronteiras são nossos valores.

Costumo fazer um exercício com meus mentorados e pacientes sobre os valores. Trata-se de reconhecimento e depuramento dos valores que os guiam. Dou para eles uma lista de valores e peço que escolham aqueles que percebem em suas vidas. Não os que desejam ou acham bonito ter, mas sim os que, de fato, já estão incorporados ao seu viver. Inicialmente, eles escolhem diversos, às vezes 10, 15 ou 20. Então, eu passo para a próxima etapa e peço que escolham apenas dois valores que realmente os representem. Explico que os dois são os seus *valores-guia*, os mais importantes e que expressam quem eles são quando estão nos seus melhores momentos, vivendo a partir da luz. São os valores que nos inspiram em um processo de tomada de decisões difíceis. Então, mais uma vez, eles param para refletir, analisar e priorizar. E muitas vezes é um desafio. Superficialmente, todos têm na ponta da língua um conjunto de valores para dizer sobre si, mas é impressionante como podemos nos surpreender quando investigamos isso mais a fundo!

Começamos, assim, por desconstruir a crença de que, quanto mais valores tivermos, melhor seremos. É importante irmos fundo para descobrir, ao depurar essas percepções mais rasas, que somos guiados por no máximo dos valores essenciais, e o restante se deriva deles. Essas duas pepitas de diamante são os valores que nos guiam e determinam o que é inegociável para cada uma de nós. Eles nos servem o tempo todo, balizando nossas decisões mais importantes e nosso olhar para o mundo.

Uma mulher que acompanho há algum tempo tem a família como um valor-guia. Se ela está cansada, estressada com os seus mil afazeres, podia muito bem pedir à babá para dar a comidinha de sua bebê. Ela, porém, escolhe parar tudo e fazer isso, porque participar desse momento de contato com a filha corresponde a um valor fundamental para ela. Como ela está fazendo essa escolha de forma consciente e a partir do seu valor, e não da culpa (de que essa é a escolha certa, porque é isso que toda a mãe deveria fazer; não faz mais que a obrigação), ela não se ressente disso: faz a partir de um lugar de alegria e paz.

Outra mulher, que também dizia ter a família como um inegociável, já tinha uma postura diferente. Quando olhamos mais profundamente para a vida dela, a família tinha pouquíssimo tempo e atenção e, todas as vezes que ela precisava remanejar ou arranjar um tempo extra para qualquer compromisso de trabalho, o tempo era tirado justamente da família. Ela vivia com o sentimento de dívida sem entender o porquê. Quando conseguiu, corajosamente, ter clareza sobre isso no processo de mentoria, foi doloroso, mas se tornou um grande insight. Ela percebeu que estava sendo incoerente com aquilo que dizia ser um valor inegociável e por isso estava tão incomodada consigo. Essa percepção foi potente e deu a ela a oportunidade de se reposicionar e trazer mais consciência e autorresponsabilidade para seu processo. Passou então a garantir seus espaços para a família. E deu a eles o lugar de inegociável e de real presença. Ao fazer isso, a sensação de dívida se dissipou e, impressionantemente, ela continuou a performar superbem e até melhor no trabalho. Esses são ajustes possíveis e revelam a potência do AA e do posicionamento.

Talvez, para outras mulheres, esse não seja um valor-guia. O valor pode ser trabalho, contribuição, dedicação, responsabilidade social, alegria e tantos outros... Talvez seus inegociáveis e suas formas de expressar o cuidado sejam diferentes. E tudo bem, porque não há uma hierarquia entre os valores, nem uma visão moral de certo e errado. Todos os valores são válidos; o importante é os conhecermos com clareza e os reconhecer em nossas vidas e atitudes como balizadores das nossas escolhas, porque isso nos traz a sensação de coerência, e a coerência fortalece nossa integridade e, por conseguinte, nos coloca em paz.

## Qual é o seu desejo profundo? (visão de futuro)

Para conseguir pensar sobre sua visão de futuro e se posicionar, é preciso escutar a voz do seu desejo. Ele é o impulso interno que a leva em direção às suas paixões e aos seus propósitos, fazendo você sonhar o futuro que você almeja. É o sentimento que a guia para encontrar a trilha para a realização. É o motor da sua coragem e a expressão do seu porquê. Sustentar essa voz requer autoconfiança, autoconhecimento e determinação. É preciso ouvir o que nosso coração está dizendo, ter coragem, mesmo que isso signifique enfrentar desafios e adversidades. É escolher andar na vida com autenticidade, alinhada com seus sonhos e suas aspirações.

O posicionamento está associado ao amadurecimento de cada uma das suas variáveis na fórmula e pode mudar com o tempo. À medida que vamos ampliando nossas experiências, nosso repertório e nossa coleção de aprendizados, ele pode ganhar novos contornos. É fruto de autodesenvolvimento (veja o outro A que podemos trazer para o guarda-chuva do autoconhecimento!), no qual crescemos emocional, intelectual e espiritualmente. Mas para isso é preciso que tenhamos coragem de nos perguntar "O que você quer de verdade?" ou "Qual é o seu desejo mais profundo?" e sustentar o que vier, mesmo que em um primeiro momento seja o "Não sei", mesmo que venha a angústia. Sustentar esses sentimentos, sem brigar com eles ou achar que tem algo errado em senti-los, pode ser o que você precisa para acalmar um pouco e se permitir atravessar a dúvida em busca de novas respostas ou novas perguntas. Isso é amadurecer e é assim que vamos desenhando nossa visão de futuro. É também cultivar a paciência e a perseverança, compreendendo que a jornada do C.A.B.E.R. na vida é uma busca contínua, um convite perene para explorar novos horizontes. É um espaço seguro para que possamos sustentar a voz do desejo e nos surpreender com as possibilidades que se revelam. Na prática, é ter coragem de sair da zona de conforto e abrir-se para o desconhecido. Ao ampliar nossos horizontes, enriquecemos nossa jornada em todos os sentidos. A visão de futuro, quando realmente ancorada no nosso desejo, permite que construamos uma vida que nos seja interessante, rica em sentido, e assim consigamos enfrentar as adversidades sem nos perdermos ou desistirmos no meio do caminho.

Desejo que você construa seu posicionamento com intenção e atenção a partir do AA, se amando ao longo desse processo. Deixe que seu desejo a guie na direção da sua natureza selvagem (identidade) para que você encontre a coragem de se libertar dos padrões condicionantes do nosso tempo e viva intensamente a vida que você quer, uma vida na qual sua essência não seja moldada ou apequenada para caber em escolhas pré-definidas, que seja forte e autêntica. E que você viva e sinta esse processo contínuo e desfrute dessa jornada de se descobrir, redescobrir e se reinventar todos os dias, posicionando-se com integridade! É nesse posicionamento que você encontra o seu *poder*. E precisamos de mulheres posicionadas e cheias de poder para gerar a transformação que almejamos neste livro.

**Momento prático**

O exercício deste capítulo é simples e poderoso!

1. Sente-se em postura confortável e faça algumas respirações conscientes.

2. Faça a si mesma a seguinte pergunta: quais as três palavras que eu escolheria para me definir? Aquelas que me representam e me fazem sentir alegria e orgulho de ser quem eu sou?

3. Deixe fluir as palavras em sua mente e as anote.

4. Agora, de olhos abertos, observe as palavras que escreveu e reflita se seus pensamentos, escolhas e atitudes estão alinhados com essa essência. Que coisas estão acontecendo que não têm nada a ver com quem você é?

5. Observe quais comportamentos aproximam-se da sua autopercepção e também mapeie os que e distanciam.

6. Identifique tudo aquilo que não valoriza quem você é e o quer para sua vida, refletindo sobre as mudanças que precisa

fazer de dentro para fora e de fora para dentro. Foque nelas! Planeje essas mudanças dentro do seu ritmo!

**7.** Caso se sinta perdida ao pensar sobre isso, procure ajuda! Faça isso já como uma primeira e potente ação na direção do seu autoconhecimento autocompassivo.

**8.** Escreva a fórmula do seu posicionamento, respondendo a três perguntas:

**a)** Quem sou eu agora?

**b)** Quais são meus valores-guia? Por quê?

**c)** Aonde quero chegar?

Capítulo 6

# Balancear a vida a partir da presença

*"Nós temos que ter coragem de ser radicalmente vivos, e não ficar barganhando a sobrevivência."*
*(Ailton Krenak)*

Já disse e repito que o conceito de "vida equilibrada" tem se tornado o novo Eldorado ou uma nova máscara para a "vida perfeita". Aquela hipereficiência almejada, tarefeira, imprescindível para se alcançar felicidade e sucesso tomou conta de nós e se tornou uma pressão, uma prisão, que nos leva para a sensação de insuficiência, de não ser boa o bastante e de não estar vivendo a vida "do jeito certo".

A barganha falaciosa que faz com que essa busca se sustente é que, se formos capazes de equilibrar todas as nossas dimensões ao mesmo tempo, de fazer todas as mil e uma tarefas que nos são imputadas (ou que nós mesmos nos imputamos), então nos tornaremos merecedoras de aplausos e reconhecimento; nos tornaremos merecedoras de viver!

Quando uma narrativa assim se alastra e toma conta do nosso imaginário, faz com que nos sintamos impelidas a perseguir esse Eldorado, custe o que custar. E custa muito! Custa a nossa saúde mental, a nossa autoestima, a nossa integridade; e a nossa vida fica adiada sempre para depois da próxima tarefa, ou da próxima obrigação. Sinto que a missão deste livro passa por desmistificar tal falácia e fazer você refletir sobre o conceito (muitas vezes distorcido) de "vida equilibrada", para, quem sabe, ajudá-la a desatar vendas e amarras que vêm angustiando e fazendo você se sentir sempre devendo para a vida.

Para isso, preciso desconstruir com você essa ideia de que a vida é esse aglomerado de afazeres e tarefas sem fim. A gente confunde a vida com os nossos papéis sociais, com comprar, com ter, com desempenhar, com performar, com ser bem-sucedida e bem-vista... Achamos que isso é a vida e nos tornamos, então, tarefeiras convictas e equilibristas exaustas. Mas, na verdade, a vida não é isso! Esse é o jogo que nos foi imposto pela sociedade do cansaço e que assumimos como normal (sendo que, na verdade, é mais um sintoma da normose). A vida propriamente dita é muito maior do que isso! Ela é a nossa própria existência e a nossa capacidade de estarmos despertos, nos percebermos vivendo a partir daquilo que nos é essencial e sagrado.

Não há nada de errado com a palavra equilíbrio, a questão é o significado que temos atribuído a ela. Se "ter uma vida equilibrada" é ser bem-sucedida em equilibrar os pratinhos tarefeiros, essa vida e esse equilíbrio vão ruir e não se sustentarão por muito tempo.

Mas, se conseguirmos abrir mão de tal noção de equilíbrio e olharmos com mais amplitude e coragem para a vida, aí pode ser que ela venha a fazer mais sentido para cada uma de nós, nos conectando com a plenitude, o bem-estar, a saúde emocional e o autocuidado.

Acontece que, como ocorre com muitos outros termos, o sentido da palavra é por vezes vulgarizado, adulterado e aplicado para condicionar você a se encaixar em uma forma idealizada e empacotada de viver e consumir. O conceito de "vida equilibrada", idealizado e pré-definido dentro dos moldes da "sociedade do cansaço e do espetáculo" é grande parte do problema que tratamos neste livro, e não da solução para fazer a vida C.A.B.E.R. na vida! Essa busca, em vez de nos trazer realmente equilíbrio, tem sido fonte de sofrimento e adoecimento psíquico. Pense comigo: se fosse verdade essa crença utilitarista do trabalho exaustivo como fórmula de sucesso, estaríamos vivendo uma crise sistêmica de insatisfação, ansiedade e esgotamento mental?

Vimos o *burnout* disparar na pandemia, a ponto de ser classificado como doença ocupacional pela OMS em 2022. Dito de maneira direta e simples, *burnout* é a doença do esgotamento físico, emocional e mental causado pelo estresse crônico no trabalho e pelo assoberbamento da vida. Um estudo da *International*

*Stress Management Association* (ISMA) mostrou recentemente que o Brasil está em segundo lugar em número de casos diagnosticados no mundo, com aproximadamente 30% dos trabalhadores brasileiros sofrendo com a síndrome. E o que vários estudos têm demonstrado é que as mulheres são muito mais afetadas do que os homens. São diversos os fatores que levam a isso e já falamos sobre eles: a autocobrança excessiva; a busca por resultado, reconhecimento e validação; o peso das desigualdades sociais relativas ao gênero; a dupla ou tripla jornada de trabalho da mulher; a economia do cuidado; a invisibilidade histórica. Os papéis destinados às mulheres na sociedade atual levam a uma sobrecarga emocional em índices muito superiores se comparada aos homens.

Considerando tudo isso, então, meu convite para você é para uma mudança de olhar. Que tal soltar a ideia de perseguir essa tal "vida equilibrada" e abraçar a ideia de ser absolutamente *intensa* e presente na sua vida? Que você abrace sua vida por completo e escolha aquilo que a faz grande, não menor; aquilo que lhe expande, não que lhe constrange ou formata de maneira apertada em padrões que não são seus; aquilo que alegra essencialmente sua alma. Que você busque a clareza do que é importante e prioritário em cada momento, para que, a partir desse posicionamento, você troque a tal "vida equilibrada" por um *balancear* da vida com presença, de forma corajosa devido à apropriação do AA. É esta minha proposta: que você pare de buscar o equilíbrio pré-fabricado, o novo Eldorado, e comece a se autorizar a *estar presente* em cada momento, balanceando suas escolhas (e isso envolve deixar

– ou escolher corajosamente – que alguns pratinhos caiam). O que acha do convite?

Quero que você fique com essa pergunta sem se preocupar em respondê-la ainda. Apenas siga sua leitura com ela em mente, porque tem alguns elementos que quero abordar para ampliar sua perspectiva. Vamos a eles.

## A vida não é para ser (apenas) útil

No conceito enviesado de "vida equilibrada", há uma demanda implícita, que se torna mais uma obrigação na nossa lista de afazeres, por dar conta de todas as coisas e com bom ânimo. Nos tornamos então "mulheres equilibristas", incansáveis e atentas a todos os nossos pratinhos para garantir que todos estejam sempre rodando, em perfeito equilíbrio. Lembra a síndrome da Mulher-Maravilha da qual já falamos? Ao nos concentrarmos tanto em todos os pratinhos, esquecemos de nós e sucumbimos.

Não há tempo para o descanso, não podemos deixar que qualquer pratinho caia, não podemos parar e desfrutar. Isso seria sinal de fraqueza, de desequilíbrio, de inutilidade, de incapacidade. Não é à toa que estamos exaustas.

Repudio veementemente essa lógica de trabalho que não valoriza o tempo da pausa, que não oferece espaço para o descanso para nós mulheres e que nos coloca em um lugar de culpa, sensação de fracasso e improdutividade quando paramos um pouco. Esse sentido utilitarista da vida é parte do que tem nos adoecido sistemicamente.

Você pode estar se perguntando: mas se essa visão utilitarista nos adoece tanto, qual é o tipo de equilíbrio que devemos buscar? Acredito que a resposta a essa questão é multifatorial e começa por entendermos que a vida não é para ser (somente) útil...

Como assim?

O capitalismo ocidental nos levou a enxergar tudo no mundo como mercadoria, inclusive a natureza, inclusive o nosso tempo, inclusive a nossa imagem. Para satisfazermos a complexa teia de trocas, nos tornamos seres predatórios, competitivos e promotores de desigualdade. Esquecemos que o verdadeiro equilíbrio não reside no acúmulo de funções ou na exaustão constante, mas sim na comunhão profunda do nosso eu com o mundo natural ao qual pertencemos. A conexão perdida com a natureza é uma das causas fundamentais do mal-estar na sociedade moderna. Ela não apenas nos aliena de nossa base ecológica de sustentação, mas também distorce nossa percepção de sucesso, prosperidade e progresso.

No sistema capitalista ocidental, infelizmente o modo de vida nos torna utilitaristas. Segundo o filósofo, ativista e líder indígena Ailton Krenak no livro *A vida não é útil*, "estamos a tal ponto dopados por essa realidade nefasta de consumo e entretenimento que nos desconectamos do organismo vivo da Terra" (2020, p. 11).

Em uma reflexão maravilhosa e lúcida sobre a nossa relação com a vida e o planeta, ele questiona exatamente o sentido utilitarista da vida, nos lembrando de que viver não se resume a produzir e consumir. Trago alguns fragmentos do livro para você refletir:

> *"A vida é fruição, [...] uma dança cósmica, e a gente quer reduzi-la a uma coreografia ridícula e utilitária". "Nós temos que ter coragem de ser radicalmente vivos, e não ficar barganhando a sobrevivência". [...] "O pensamento vazio dos brancos não consegue conviver com a ideia de viver à toa no mundo, acham que o trabalho é a razão de existência". (2020, p. 57).*

A vida não é apenas sobre ser útil, mas, em última instância, para ser vivida, experimentada e compartilhada. O trabalho e o dinheiro são meios, e não fins da nossa existência. E, como meios, precisam ser orquestrados no balancear da vida.

A incessante busca por produtividade e a percepção de que cada momento deve ser monetizável nos distanciam da ideia de que a vida acontece como um espaço para o crescimento pessoal, para o lazer, para o ócio e a contemplação e para sermos juntos, uns com os outros.

A reflexão sobre o equilíbrio desejável passa, então, pela ruptura do paradigma de que nossa única contribuição ao mundo é feita por meio do trabalho e do consumo. Essa mudança de paradigma pode ser apoiada por filosofias e práticas que enfatizam a interdependência e a coexistência harmoniosa, como as encontradas em sabedorias indígenas, que veem a Terra não como um recurso a ser explorado, mas como um lar comum a ser cuidado.

Assim, ao nos perguntarmos sobre o tipo de equilíbrio que devemos buscar, é fundamental incluir a reavaliação de nossas prioridades e nossos valores, uma redescoberta do prazer nas pequenas coisas e uma reafirmação do valor intrínseco da vida, além de sua utilidade. Essa é uma jornada para recuperar a plenitude de estar verdadeiramente viva, reconhecendo que cada momento possui seu próprio valor, independentemente de sua produtividade ou utilidade imediata.

## Tudo flui

Outro fator a considerar é que precisamos ser capazes de olhar para nossa resistência à impermanência natural da vida. Não estamos no controle de tudo. Aliás, verdade seja dita, estamos no controle de quase nada. Alguns teóricos até dizem que o controle é uma das nossas maiores ilusões. Concordo. E, tentar mantê-lo é fonte dos nossos maiores sofrimentos e é instrumento de violência.

Aceitar a mudança como uma constante nos leva a entender que assim também o é dentro de nós, com nossas prioridades, com nossa energia, com nossos sentimentos.

É aí que saímos da ideia da vida equilibrada como novo eldorado para a ideia de um balancear a partir da presença. É no balancear, que existe na sabedoria da vida que flui, que está a cura e o caminho para fazer a vida C.A.B.E.R. em si. A saúde está na flexibilidade, não na rigidez e nas certezas estáticas. Aquilo que era equilíbrio ontem pode já não ser hoje, e se torna importante que não seja. O balancear com presença está na essência da metamorfose, do processo. Se a borboleta se acomoda na vida equilibrada dentro do casulo, ela morre sem jamais cumprir seu propósito. Precisamos desse movimento, precisamos desse processo. Ele é a própria vida!

Evoluir é uma das necessidades básicas do ser humano. Evoluir combina com fluir e, para isso ser vivido sem tanta peleja, é preciso que tenhamos coragem de olhar para nossos apegos, nossas expectativas e nossas frustrações. Estes que muitas vezes nos enrijecem e, por conseguinte, nos adoecem.

É no balancear a partir da presença que encontraremos paz e equilíbrio físico, emocional e espiritual. É no balancear que evoluímos, reconhecendo e acolhendo cada momento, fazendo a colheita dos aprendizados e os deixando passar. É nele que honramos nossas histórias e as histórias dos outros, acolhendo, inclusive, os momentos de luto, de perda e de dor; é nele que honramos os momentos de desequilíbrio, de pratinhos caídos no chão, de tarefas deixadas por fazer. Se lembramos que tudo é impermanente e que tudo flui, podemos compreender que – não importa o tamanho da dor, da decepção ou do sofrimento – tudo passará. A consciência disso, por si só, já traz um grande alento e nos conecta com o que realmente é a nossa vida em cada momento!

Uma antiga lenda conta que um rei pediu aos seus sábios que criassem um anel especial, e nele gravassem uma frase que pudesse lhe ser útil nos momentos de desespero. Os sábios, porém, não conseguiram pensar em uma frase curta que coubesse no anel, apesar de seus vastos conhecimentos. Foi um velho servo do reino que escreveu em um papel uma frase de três palavras que foi escondida no anel. O rei só deveria ler a frase quando precisasse dela. E eis que chegou o dia em que o reino foi atacado e, pela primeira vez – acuado e com medo – o rei leu a frase do anel. Ela dizia: "Isso também passará". Aquela mensagem simples o ajudou a passar o momento aflitivo sem se desesperar. Mais tarde, a mensagem do anel também lhe serviu quando comemoravam no reino a vitória sobre os inimigos: os momentos de alegria também passam, pois tudo é impermanente. Nos momentos de tristeza, a mensagem lembrava ao rei que o sofrimento não duraria para sempre. Nos momentos de alegria, servia como um convite à humildade de que a felicidade também é passageira.

Por isso, se você está vivendo algo desafiador, lembre-se de que "Isso também passará", e essa certeza do movimento da vida não permitirá que os problemas tomem uma proporção insolúvel, como se fossem durar para sempre! A vida, orgânica e generosa como é, nos convida e sempre nos possibilita um novo olhar e uma nova forma de nos posicionarmos, entendendo seu eterno fluir.

Certo dia contei essa história em um programa de formação de líderes que eu estava ministrando. Anos depois, em plena pandemia, uma das participantes do curso me enviou uma mensagem pedindo que eu a lembrasse da frase e da história. Ela era designer de jóias e, naquele momento, queria gravar as palavras em um pingente para se lembrar que aquela circunstância tão inacreditável para todos nós "também iria passar". Dias depois dessa troca de mensagens, eu recebi na portaria do meu prédio um presente dela. Era um colar com este pingente. Fiquei super emocionada, e desde então, trago ele sempre comigo. Não tiro mais, porque ele simboliza a grandeza salvadora dessa verdade: tudo sempre vai passar!

## Tempo oportuno

Um terceiro fator que ressignifica a percepção de "equilíbrio" reside na nossa relação com o tempo. Para falar desse tema, vamos primeiramente lembrar que o termo "tempo" é uma invenção humana, uma medida para organizar informações e atividades em cada época (repare que época também é uma medida de tempo!). Se você pensar um pouco, verá que essas medidas de tempo, como as conhecemos, estão relacionadas com os movimentos de rotação e translação da Terra, com as estações do ano e com os diversos calendários criados por povos distintos ao longo da história da Humanidade.

Submetida a essa lógica, a nossa vida é um cronômetro mesmo, pois ela tem início, meio e fim. Uma das poucas certezas que temos é de que vamos morrer, pois nossas células envelhecem todos os dias. Observando a própria natureza, na qual todos os seres têm um ciclo de vida finito e tudo flui o tempo todo, foi que o homem inventou calendários divididos em anos, meses, dias e horas.

Quando falo do balancear da vida, me vem a imagem de uma gangorra constante entre as dimensões mitológicas do tempo, figuradas nos deuses gregos Chrono e Kairós. Chrono, o deus do tempo quantificado, está sempre nos aprisionando nos ponteiros do relógio, nos submetendo a essa versão utilitarista da vida, a esse calendário insano, nos lembrando das mil e uma coisas que precisamos fazer. No tempo dele, a vida precisa caber em um calendário cheio de tarefas, listas a cumprir, compromissos e muitas metas a bater. A vida precisa caber no cronômetro, ela é atropelada pelo tempo, e o tempo anda ligeiro e nos come.

Mas, há também Kairós, que é o deus do tempo oportuno e que não pode ser controlado. Kairós é o tempo da alma, o tempo da vida que vale a pena ser vivida, da vida que faz sentir. É em Kairós que a gente constrói aquilo que nos é simbólico e essencial, nossos afetos, nossas memórias. No tempo dele, existe você descobrindo seu centro, descortinando o que lhe é sagrado, aquilo que faz sentido dedicar mais energia a cada momento, considerando suas relações, seus valores, suas prioridades; considerando aquilo que pulsa no mais íntimo do seu ser. É Kairós que eterniza memórias e que faz instantes se tornarem sensações inesquecíveis. É ele quem significa e qualifica a vida.

Na gangorra entre Chrono e Kairós encontramos o balancear. Às vezes, Chrono dá o tom e tudo fica mais corrido, às vezes Kairós ganha a cena e dá seu colorido. É no balanço da gangorra que vamos construindo o nosso balancear. Tem horas que você precisa focar mais no trabalho; outras, na família; outras, na sua relação conjugal; outras, em você. Tem hora que você engorda e outra em que vira um ser fitness. É o Chrono atuando. A vida é esse balancear constante e natural! Ninguém corre maratona, viaja o mundo, monta *start up* unicórnio, amamenta e transa loucamente ao mesmo tempo, mesmo que o Instagram de alguém faça isso parecer verdade. É justamente aí que entra Kairós, lembrando-a de olhar para dentro e para aquilo que faz sentido para você, convidando-a a sair da comparação e olhar para você enquanto faz tudo isso; convidando ao descanso, ao desfrute; convidando a reencontrar seu respiro e a existência em cada instante.

Nessa dança entre Chrono e Kairós, a nossa percepção do tempo é relativa. Tendemos a acreditar que o tempo é um fator linear (cronológico), mas, se pararmos para perceber como ele nos impacta nas diversas situações, vamos descobrir que sentimos o tempo de forma diferente, dependendo do que ele representa para nós em cada momento (Kairós). Vamos senti-lo passando depressa ou devagar de acordo com as experiências que vivemos. Por exemplo, quando experimentamos algo muito bom e profundo, como um abraço de mãe e o primeiro beijo da nossa vida, ou ouvimos aquela música que toca fundo o coração e revisita memórias, o tempo parece durar uma eternidade naqueles breves segundos do relógio.

Também temos a sensação de que o tempo demora mais a passar quando estamos esperando algo muito importante acontecer, como o resultado do vestibular, o último mês da gravidez ou aquela viagem sonhada. Nessas ocasiões, nossas expectativas e ansiedades nos fazem contar os minutos, que parecem passar lentamente. Já no dia a dia, com uma lista enorme de coisas a fazer, o tempo voa e parece nunca ser o suficiente. Ele parece ficar acelerado, colocando uma pressão enorme na gente. Nosso foco fica fragmentado, diluído em muitas tarefas a resolver e, nesse processo, perdemos energia e ficamos muitas vezes esgotadas.

Vi claramente essa diferença entre os tempos em meus pacientes e mentorados em 2024. Alguns deles estavam se preparando para a prova do Concurso Nacional Unificado (CNU) que deveria acontecer no domingo, dia 5 de maio, mas foi adiado por conta da tragédia climática sem precedentes no Rio Grande do Sul.

Vi cada uma dessas pessoas reagirem ao tempo de uma forma diferente. Uma ficou angustiada e chateada com o adiamento, se sentiu prejudicada a despeito da tragédia e, claro, da necessária empatia. Outra sentiu alívio, pois estava tensa com a proximidade do concurso. Teve quem visse como uma oportunidade, uma segunda chance para se preparar melhor; e havia quem sentisse indignação, pois queria passar logo pela prova para diminuir a tensão e, assim, seguir adiante com outros projetos. Embora Chrono tenha sido igual para todos, Kairós significou as experiências e deu para elas contornos e formas muito diferentes.

Chrono é implacável, métrico e não nos dá nada a mais: são 24 horas por dia e ponto. Já Kairós tem o poder de brincar com essa métrica, dilatando ou abreviando os tempos na medida das nossas emoções, dos nossos encantos e desencantos; na medida do que nos é oportunizado na vida.

Estamos submetidas a Chrono. Portanto, o tempo é uma medida de organização prática da vida. Precisamos da sabedoria de Kairós para dar sentido e fazer sentir, mas também não é interessante alimentar a ilusão de que a gente pode viver somente no tempo do espírito, pois isso também nos adoece, nos tira o pé da realidade. É preciso encontrar o balanço entre esses dois a serviço das coisas importantes e edificantes para cada uma de nós: o prático e o simbólico. Esse é nosso grande desafio no cotidiano. Renunciar à ilusão sem perder o que nos faz sentido e abraçar a realidade com leveza são um dos segredos para não se sentir tão tarefeira e pressionada perante os desafios do dia a dia. É o jeito de trazer sentido para as margens que o tempo do relógio contorna. É um jeito de acolher os tempos; Chrono pode ser o contorno, o continente que você precisa para colocar os limites, alinhados por Kairós, e dizer "Basta!" para uma rotina tão exacerbada.

Uma pergunta que muitas pessoas me fazem é: como eu vou conseguir viver essa dança e saber o que escolher e o que renunciar a cada momento?

Sei que parece complexo, mas tem a ver com tudo que temos tratado até aqui. Conseguir dançar com os tempos passa por entender o que é importante para você revisitar prioridades, colocar limites, criando um tempo para si dentro do tempo, para que você possa parar e pensar um pouquinho sobre o que alimenta quem você é de verdade, sobre o que é fundamental aqui-agora, nessa fase da vida, e quais são os seus inegociáveis dentro de cada contexto.

## Centramento

Dentro de todo esse processo de ressignificação da nossa relação com o tempo, com o trabalho, com os nossos papéis sociais, com a maneira de balancear nossa energia a cada momento e ciclo da vida, precisamos de ferramentas internas que nos ajudem a lidar com tudo que esse movimento provoca em nós. Uma delas, que gosto muito, é o centramento.

Uso essa técnica em todos os meus cursos e programas de formação, e também todos os dias comigo mesma. Gosto de começar as atividades que conduzo com grupos sempre sugerindo às pessoas que busquem seu "centramento".

O que é isso? A princípio, uma conexão consciente com seu mundo interno, no momento presente. Alguns chamam de meditação, outros de mindfulness ou respiração consciente. O nome importa menos, o que importa é que esse momento proporciona uma pausa, consciente, um olhar para dentro que almeja checar como você está naquele exato instante. Busca tirar você do automático e focar em se perceber, observando com curiosidade e atenção por onde andam seus pensamentos, suas emoções, seu corpo e sua vontade.

É um momento de despedida e preparação ao mesmo tempo. Despedida da atividade que você estava fazendo antes, despedida de pensamentos disfuncionais, para se posicionar emocionalmente e, então, se preparar para a atividade que você vai fazer em seguida. É como limpar a sala de cinema para a exibição da próxima sessão.

Centrar-se aumenta sua visão e presença sensivelmente, e ajuda você a perceber seu nível de abertura ou sobrecarga, como você está emocional e mentalmente para o que quer que precise fazer. O exercício de centrar-se ajuda a calibrar sua energia vital. É um momento de respiro para escolher e se posicionar de forma mais consciente sobre todas as coisas.

O centramento atua em vários níveis.

Em um primeiro nível, funciona como uma ferramenta de presença e auto-observação para o dia a dia. Ele ajuda você a estar presente em todas as atividades, como no transitar de uma reunião a outra ou de um espaço a outro, trazendo consciência sobre seu mundo emocional. Por exemplo, você sai de uma reunião tensa, na qual teve uma conversa difícil, recebeu ou deu um feedback duro e agora você vai buscar seus filhos na escola. Nesse caso, cabe um centramento para se despedir do trabalho e deixá-lo no lugar dele, preparando-se emocionalmente para encontrar seus filhos. Ou quando você precisa fazer várias reuniões que pedem posturas e emoções diferentes, e não quer deixar que uma interfira na outra. A cada intervalo, realize um breve centramento, se despeça da reunião que acabou e se prepare para a que está por vir.

Eu faço isso no consultório. Já é uma prática. Atendo diversas pessoas por dia, são várias histórias e emoções totalmente diferentes umas das outras e que pedem de mim presença e atenção integral. Então, entre um paciente e outro, entre um mentorado e outro, eu sempre paro, respiro, me despeço da pessoa que acabou de sair e trago à mente aquela que está na recepção à minha espera. E, assim, me preparo para estar com ela, em tudo aquilo que trouxer.

No segundo nível, o centramento também é scanner corporal e emocional, um recurso para fazermos nossos próprios alinhamentos pessoais, para checarmos como queremos viver aquele dia. Para alinharmos o que iremos fazer ao longo do dia e nos conectarmos com nosso propósito, com nossos valores e princípios, com nossos inegociáveis, buscamos o centramento. É um recurso para nos manter encarnados no nosso corpo e na nossa vida de forma autêntica, sem deixar que o automatismo e as urgências do cotidiano se imponham ou tomem o melhor de nós. E, se isso acontecer, ele é um caminho para voltarmos para o nosso centro. É uma estratégia de autorretomada.

Em um nível mais profundo, é o espaço onde reconheço que a vida acontece em ciclos, e sou capaz de, conscientemente, me reconhecer no ciclo que estou vivendo agora, entendendo que minhas prioridades podem mudar e que vou precisar analisar e escolher o que vai C.A.B.E.R. na minha vida naquele momento. Logo, precisamos retomar o conceito de impermanência e reconhecer que há uma dose necessária de desapego, pois, mesmo no fundo da alma, estamos vivendo nosso balancear constante, estamos sempre em transformação.

Por fim, o centramento pode ser uma prática de parar, sentar-se, fechar os olhos e passar alguns minutos em cada um desses níveis que descrevi, mas pode ser também o simples ato de respirar consciente, que te lembra que você está aqui, viva. Ele segue a lógica da respiração: nos lembra de que precisamos soltar o ar velho para que o novo ar entre. Assim, na nossa vida, precisamos aprender a desapegar do que passou para dar espaço para o novo chegar, em um balanço constante, em um considerar contínuo da nossa integridade, dos nossos valores, do que realmente queremos para nós e para aqueles ao nosso redor.

## Qual é a sua dança?

Ao praticar o desapego por si só, já desafiamos a lógica da normose e do cansaço, começamos a perceber que precisamos de muito menos do que achávamos ser necessário. Ao praticar o desapego, podemos ter coragem de soltar a tarefeira e a equilibrista que moram em nós. Abrimos espaço interno e tempo para nos conhecermos melhor, despertamos nossa coragem para desconstruir velhos paradigmas; de declarar nossos desejos e definir limites. Vamos, aos poucos, calibrando nossas prioridades e dançando no fluxo do que a vida nos oferece como oportunidade de crescimento e realização. Para isso, é preciso centramento, permitindo que o que nos é importante fique claro para cada uma de nós.

A minha história com a dança representou muito desse processo de ressignificação e crescimento pessoal em um momento da minha vida.

Quando eu era muito nova, aos cinco anos, eu vi uma bailarina de tutu. Foi paixão à primeira vista e não sosseguei até que minha mãe me levou para começar aulas de balé clássico e, claro, o uniforme era um *collant* com tutu. No início, a admiração era pela figura da bailarina, mas logo fui fisgada pela dança e pela sua elegância. Fui bailarina por muitos anos e confesso que vivi, durante um tempo, uma relação de amor e ódio com o balé, porque ele era mágico, belo e desafiador, e ao mesmo tempo muito rígido, exigia muito de mim, me expunha a conflitos, comparações e competições que eu sequer entendia, mas que me marcaram profundamente.

As professoras, extremamente rigorosas daquela época, me faziam transpor limites constantemente de uma maneira que hoje seria inaceitável, e eu também me cobrava muito uma performance, uma perfeição jamais atingida. E, quando achava e percebia que não iria conseguir, me desestimulava, me ressentia. Nesse vai e vem afetivo, fui permanecendo, construindo laços e estabelecendo com o balé uma relação quase profissional e de grande compromisso e dedicação com apenas 10, 12 anos de idade. Ensaiava diariamente, incluindo finais de semana. Até que um dia, por volta dos 13 anos, tive minha primeira lesão por excesso de esforço. Depois veio outra... e outra. Eu tive lesões nas duas pernas e precisei parar de dançar e, inclusive, de cogitar o balé como uma trajetória profissional, o que era, naquela época, o meu sonho.

Eu era adolescente, muito intempestiva e tinha pressa de me aperfeiçoar. Intensa. Com isso, negligenciei o tempo de recuperação, o tempo de pausa necessário para que minhas pernas se curassem e eu pudesse voltar a dançar como desejava. Naquele momento tudo parecia muito urgente, e passar meses sem dançar era uma eternidade para mim. Naquele momento eu não entendia que a pausa era meu remédio necessário. Eu quis cortar caminhos e desafiar meus limites, e nesse ímpeto assassinei meu tempo de cura e acabei me lesionando novamente e de forma definitiva. Foi muito doído deixar o balé. Eu sentia saudade, eu sofria, me culpava. Passei um tempo sem conseguir nem ver alguém dançando. Porém, à medida que o tempo passou e fui curando essa dor emocional, deixando o velho ir embora, a vida me apresentou outras possibilidades de dançar, alternativas ao balé clássico. Foi assim que descobri o neoclássico, o moderno e depois o contemporâneo. Com 18 anos, até me aventurei em uma companhia de dança de rua (hip-hop) e foi uma experiência muito legal e bem mais leve. Mas foi no contemporâneo que conheci duas técnicas maravilhosas, chamadas Contato improvisação e Laban, que me trouxeram a possibilidade de experimentar a dança de outro jeito e com outra consciência corporal.

Elas foram libertadoras, porque, diferentemente do balé clássico, que busca negar os limites do corpo e da gravidade, o Contato improvisação e o Laban focam no aproveitamento dos impulsos do corpo, utilizando seus movimentos naturais. A dança se dá a partir da experiência do corpo naquele momento, gerando contato com tudo que somos, com tudo que tocamos e com o que estamos sentindo naquela hora, estimulando todos os nossos sentidos, nos levando a um centramento profundo e criando novidades. Por exemplo: você aproveita o contato com o solo para gerar um novo movimento, aproveita o contato com outra pessoa para ver que movimento surge dessa interação, aproveita o impulso e o peso do corpo para deixar fluir.

Nessa experiência de deixar fluir a dança, de não ter nada predefinido e nem ter que aprender os passos de uma coreografia consagrada do Bolshoi, minha alma se conectou verdadeiramente com a minha dança. Aquela liberdade de poder me sentir por inteira e deixar fluir os movimentos a partir dessa inteireza foi uma descoberta deliciosa para mim, um redescobrir do meu corpo em conexão com todas as minhas dimensões em cada exato e único momento. Um sopro de paz e arte em comunhão profunda que me reconectou com minhas paixões; que me reconectou comigo!

Refletindo sobre essa experiência depois, percebi que, embora a dança contemporânea ofereça mais chances de atrito e mais contato físico que o balé clássico, nunca me lesionei em sua prática. Acredito que assim foi porque ela respeita o tempo do corpo, respeita o tempo como o corpo flui, como ele se move. Acho também que respeita o jeito que cada corpo é e se relaciona com tudo à sua volta.

Dancei até meados da faculdade. Depois, aos poucos fui mudando de foco e interesses, embora a dança seguisse no coração e eu quisesse sempre trazer o corpo para a cena. Na graduação de Psicologia, encontrei o psicodrama. E foi uma oportunidade de fazer essa alquimia e poder ressignificar processos específicos a partir da expressão do corpo, da reconstrução da cena como ferramenta de cura e autoconhecimento. A dança e o teatro enriqueceram muito minha vida e meu trabalho e até hoje são instrumentos que trago em meus workshops e minhas aulas. Percebe como a vida é generosa e vai se refazendo na nossa frente, agregando os valores do que foi aprendido e soltando aquilo que não faz mais sentido? Esse é o balancear com presença.

Trago essas experiências com a dança na tentativa de construir uma boa analogia para distinguir o "equilibrar" do "balancear". No balé clássico, tentei atender a um padrão de rigidez imposto e que se manifestava também dentro de mim em forma de cobrança. Eu me machuquei, me senti insuficiente, me comparei. Negligenciei meus limites buscando alcançar o que eu acreditava ser sinônimo de sucesso para uma bailarina. Eu não era boa o suficiente, não era adequada o bastante, magra o bastante, perfeita o bastante. Foi preciso passar por algumas frustrações para refletir e enxergar outras possibilidades de fazer o que amava e encontrei no contemporâneo um espaço mais acolhedor e possível para mim. Nesse processo, colhi um importante aprendizado: vou me machucar e sofrer se o sentido do que fizer não tiver relação com quem sou e com o que quero para mim. Vou me machucar sempre que moldar minhas escolhas a partir de expectativas pré-fabricadas. Vou me sentir insuficiente todas as vezes que tentar ser uma equilibrista, uma Mulher-Maravilha ou uma dançarina perfeita! E não é assim que quero viver nem me sentir.

Na verdade, queria que esse aprendizado tivesse vindo logo naquela época. Mas não foi bem assim que aconteceu. Dentro e fora do balé, eu continuava me exigindo e querendo ser a melhor em tudo e, quando não funcionava (o que aconteceu incontáveis vezes), eu aumentava a aposta e a autopunição também. Me enraivecia comigo mesma. Só depois dos 30 e poucos, com a chegada dos meus filhos, que esses aprendizados começaram a ganhar novas dimensões; diria que só agora realmente estou conseguindo experimentar um pouco mais desse desejo de tirar a canga da perfeição, de me experimentar mais leve e sem tanto desassossego. Ainda assim, me vejo em pleno caminho, ora mais para lá, voltando a padrões e exigências antigas, ora chorando velhos choros e me sentindo pequena, ora me retomando e construindo novas formas de caminhar e lidar com tudo isso, mais forte e segura de mim.

O que eu tenho descoberto, com cada vez mais paixão e afinco é que, se me permito ampliar perspectivas e vivenciar coisas novas, se balanço conforme a dança orgânica da vida que me cabe, com coragem e autocompaixão, terei sempre oportunidades de me cuidar, de balancear o meu tempo para as coisas mais importantes de cada ciclo, deixando os movimentos fluírem e respeitando meus limites. Assim, vou me machucando cada vez menos; vou machucando menos os outros também, e encontrando esse espaço de centramento e equilíbrio emocional.

É importante você refletir sobre o que lhe oferece o devido centramento. Você consegue se observar e perceber as coisas que estão lhe machucando, porque simplesmente não fazem sentido para quem você é?

Você deve pensar nas coisas que faz, mas que não são movimentos naturais, não são coisas que se conectam com suas paixões, seu sentido de viver, seus valores; e, então, analisar as razões de estar seguindo as normas de uma "dança" que a machuca, que faz se sentir insuficiente, que não deixa fluir o melhor de você.

## A voz do corpo

Falando de dança, me veio uma outra questão importante: muitas vezes esquecemos que somos um sistema único e que nosso corpo reflete tudo que sentimos e também a forma como lidamos com o que está acontecendo ao nosso redor. É nos momentos de centramento, de pausa consciente para nos observar, que temos a oportunidade de perceber tensões, dores, desconfortos, manifestações que se dão no corpo, um recado de que algo não está bem.

Infelizmente, na vida assoberbada da normose, quando entramos em modo automático, acabamos normalizando sintomas e convivendo com eles sem escutar as suas mensagens. Escuto todos os dias, mulheres no consultório sentindo uma tensão muscular constante no pescoço, por exemplo, e achando que é normal, afinal elas trabalham muito; se queixando de que a pele está "pipocando" e coçando "do nada"; manchas, vermelhidões... E, então, um corticoide se torna o melhor amigo, sem parar para pensar por que essa alergia surgiu ali. Outras relatam dias seguidos de dores de cabeça e o remédio já anda na bolsa, como se crises de enxaqueca fossem parte de quem elas são. A insônia já virou regra. Somatizamos nossas emoções e dores e acolhemos isso como normal em nossas vidas, porém somente as remediamos, mascarando os sintomas. Será que esse é o caminho a se seguir? Será que assim conseguiremos furar a bolha da normose?

Nosso corpo possui uma sabedoria incrível! Ele manifesta tudo que experimentamos intimamente, desde a forma como nos alimentamos e hidratamos, à qualidade do nosso sono, nossos desejos, nossos pensamentos e nossas emoções. O mundo psíquico se revela no corpo de várias formas, e precisamos aprender a observar essas manifestações e suas relações com o que sentimos em cada ciclo de vida. As mudanças que experimentamos com o passar dos anos são também variáveis que precisamos considerar ao balancear a nossa energia cotidianamente. Não é a idade que determina isso, embora o envelhecimento precise ser considerado. Nossa disposição e saúde física dependem de vários fatores, entretanto, todos nós iremos experimentar mudanças no organismo ao longo da vida. E é fato que, quanto mais nos conhecermos e mais despertas e atentas estivermos, melhor entenderemos os sinais do nosso corpo, os nossos cansaços e o que precisamos fazer para retomar nossa energia e vitalidade. Assim, conseguiremos melhorar nossa qualidade de vida em todas as suas dimensões! Logo, melhor nos posicionaremos no balancear das nossas vidas.

## Somos aprendizes

Essa noção do movimento, do dançar contínuo, do deixar fluir a dança e construir seus passos a cada fase, sem resistir e atritar com a mudança que vem, nos traz uma consciência importante de que nunca estamos prontas. Estamos sempre em processo de aprendizagem enquanto vida tivermos. Somos aprendizes da vida! E se encarar assim é um presente que convoca a leveza e tira potência dos padrões rígidos da perfeição. Ao nos percebermos aprendizes, reconhecemos que nada é fechado e definitivo, tudo é processo e precisamos saber negociar com nossos paradigmas, nossos valores e nossos desejos a cada momento e ciclo.

Tudo bem se mudamos de ideia quando uma ficha cai e percebemos que existem outras perspectivas sobre algo que antes tínhamos por certo; se errarmos e reconhecermos o erro; se pensarmos diferente do que pensávamos ontem... estamos aprendendo.

Se ver como um aprendiz é o antídoto para o medo do fracasso. Como aprendizes, não há fracasso, há aprendizagem e a possibilidade de uma nova história, de um novo posicionamento no futuro. Se não fosse assim, eu consideraria como derrota minha experiência com o balé clássico, e essa dor continuaria me acompanhando e alimentando crenças limitantes em mim. Como meu espírito se vê aprendiz, aquela experiência ganha outro significado: ela foi muito importante para que eu evoluísse e pudesse, a partir da colheita dos aprendizados dela, me abrir para as novas possibilidades de dançar que encontrei no caminho. Foi um degrau, e não um obstáculo. Foi uma dádiva, e não uma punição! Como aprendiz, os inegociáveis de ontem podem ser revistos a qualquer momento, e vamos falar disso com mais profundidade quando chegarmos ao R do C.A.B.E.R. como jornada.

Com o chapéu de aprendizes, encaramos a jornada com mais leveza e menos culpa. Nos permitimos testar, errar, tentar de outra forma e mudar de opinião. E a vida vai nos trazendo aquilo que mais precisamos a cada momento aprender, nos presenteando não necessariamente com o que a gente escolheu ou achava que queria, mas com o que vai nos ajudar a subir mais um degrau. E isso tem uma magia incrível, porque podemos acolher e aceitar com menos sofrimento o que nos surpreende e chega sem avisar.

Então, mesmo na presença da dor ou do sofrimento, preciso dizer que parto de uma premissa que me faz ancorar melhor tudo isso que coloco aqui: acredito profundamente que a vida é generosa e que ela não acontece contra nós. Ela acontece para que aprendamos e nos fortaleçamos. Se tivermos olhos para ver isso – olhos de aprendizes – vamos reconhecer que, ainda que não pareça, a vida sempre nos dá a oportunidade do refazimento.

Isso é balancear a vida com presença, sem culpa, sem perfeição, sem rigidez, mas com muito aprendizado na jornada.

## Pausas vitais

Balancear a vida com presença traduz nossa capacidade de adaptação e flexibilidade no balanço entre os tempos. É preciso que haja espaço de respiro, onde as forças se equilibram e criam uma quase inércia, um não movimento. E, quando estamos ali, em um instante de pausa da loucura do dia a dia, nos permitimos estar presentes em nós mesmas, observando como estamos, o que mudou e o que precisamos reajustar na rota, realinhar, revisitar, lubrificar em nós para seguirmos em frente.

Brené Brown (2019) tem uma frasc poderosa sobre isso que diz que *"requer coragem dizer sim para o descanso em uma sociedade onde a exaustão é vista como símbolo de status"*. Pare um pouco e medite sobre essa frase!

Justamente por isso, a jornada do C.A.B.E.R. começa com coragem. Para conseguirmos balancear a vida com presença é preciso instituirmos o tempo de descanso, o tempo de pausa, o tempo do ócio, do tédio, do nada. Falo para meus pacientes e mentorados que precisamos de "pílulas de férias" toda a semana. Pequenos momentos, mas intencionais, de descanso para nosso refazimento.

A pausa é fundamental para olharmos nossas engrenagens, que às vezes vão ficando endurecidas e enferrujadas, nos adoecendo e nos fazendo infelizes. Mas, para conseguirmos ter essa pausa e descansar, precisamos nos dar permissão, precisamos nos autorizar. Você se permite descansar? Você consegue?

Já falei anteriormente que a nós mulheres não é permitido o descanso. Descansamos carregando pedra. E não é apenas pelas tarefas propriamente ditas, é pela carga mental e emocional que fica em nós, mesmo quando estamos aparentemente paradas ou sem fazer nada. É essa carga mental e emocional que mais cansa e é dela que precisamos de pausa. A questão é: como tirar férias da própria cabeça? Como se libertar desses padrões condicionantes tão enraizados em nós que nos fazem sentir culpa quando não estamos sendo úteis e produtivas?

Tenho trabalhado com muitas mulheres no consultório essa autopermissão ao descanso e à pausa. Mas como é difícil! Já reconhecemos as questões sistêmicas, já entendemos racionalmente o que está nos oprimindo; todavia, soltar isso e dizer "Basta!" para construir uma relação diferente com a vida, com o tempo e sustentar novas escolhas não é tão simples. Brinco dizendo que preciso montar um curso para ensinar as mulheres a descansarem. Talvez, seja realmente necessário...

Um primeiro caminho é termos a prática do centramento, que nos possibilita essas pausas vitais e nos ajuda a desacelerar a mente, nos fazendo retomar nosso eixo. Grande parte da nossa ansiedade é porque saímos desse lugar de centramento, de apropriação de quem somos e do nosso ritmo, para desempenhar um papel que atenda às expectativas de outras pessoas, a partir daquilo que achamos que deveríamos fazer para sermos vistas como merecedoras.

Percebo em mim a dificuldade de parar e descansar. Quando tenho algum tempo "de sobra", sempre penso que poderia estar usando para adiantar alguma outra coisa ou colocar em dia aquelas tarefas que ficam se acumulando como que no fundo do armário, esperando o momento de virar prioridade. Eu me observo, vejo a tarefeira e a equilibrista fortemente em mim, vejo a Mulher-Maravilha toda prosa querendo manter sua pose, mas também vejo o cansaço e a sobrecarga disso e vejo o vício desse padrão de funcionamento. Você também se sente assim? É um padrão insalubre e adoecedor. Por isso, insisto que precisamos de pausas. E precisamos nos autorizar a dizer "Basta!" e precisamos, juntas, começar a construir novas narrativas que ancorem o sucesso e status em premissas mais saudáveis e sustentáveis para nós.

Por hora, quero convidá-la a essa permissão ao descanso e à pausa. Se observe e pegue leve com você a partir da coragem e da autocompaixão. É o que tenho feito, ou tentado fazer a maioria das vezes que me pego nessa lógica tarefeira desenfreada. Paro um pouco, respiro, me reconecto comigo, me pergunto o que preciso e então redimensiono as atividades, os compromissos, me reposiciono.

Nesse tempo de pausa, no estado de centramento e consciente dos movimentos contínuos da vida dentro e fora de nós, podemos também nos convidar a mudar de perspectiva, trazer um olhar de abundância para a vida, e não de escassez. Faça este exercício: em vez de focar no que está faltando, no quanto você sente que está "devendo à vida", escolha olhar para tudo que há, para tudo que você já construiu com gratidão, valorizando cada passo que deu, considerando a forma como conseguiu balancear suas prioridades até aqui. Faça isso e veja o que você sente.

A mudança de perspectiva traz um olhar mais generoso e autocompassivo, que acalma e diminui um pouco o volume da voz exigente dentro de nós. Com mais generosidade, podemos olhar com mais verdade para as coisas, somos capazes de reconhecer algumas vitórias e conquistas, valorizar nossas forças, reconhecer nossos compassos e descompassos e ver o quanto fomos capazes de encontrar caminhos para chegar onde estamos hoje. E, para isso ser possível, precisamos de pausa!

Quando fazemos as pausas vitais, as vozes críticas e imperativas diminuem, conseguimos nos conectar com tudo que somos e reconhecer que somos fruto de todas as experiências vividas, de como as significamos e do que nos permitimos aprender com cada uma delas. Isso nos ajuda a colocar óleo de ótima qualidade nessas engrenagens internas e perceber que não são as mil e uma tarefas e obrigações (e muito menos a comparação com outras pessoas) que nos definem. Com as pausas, conseguimos aliviar um pouco a carga mental e emocional, conseguimos respirar e sentir alívio e reestabelecer o nosso ritmo no balancear da vida.

## Escolhas e renúncias

Para balancear a vida com presença é preciso adultecer e fazer uma jornada de emancipação das expectativas dos outros; se autorresponsabilizar e sustentar suas escolhas, se quisermos que a nossa vida caiba na nossa vida.

Na vida de muitas mulheres, há um momento inevitável em que se torna evidente a necessidade de crescer para além das expectativas dos outros. Esse crescimento não é apenas uma mudança de perspectiva, mas uma decisão consciente de *adultecer*. Adultecer não significa apenas envelhecer ou assumir responsabilidades externas; significa tornar-se verdadeiramente adulta, isto é, emancipar-se emocionalmente e criar espaço para que sua própria voz seja ouvida acima do ruído das exigências externas.

É uma jornada que exige coragem, porque envolve escolhas – e, inevitavelmente, renúncias. Como reforçado incansavelmente, vivemos em um mundo que constantemente nos convida a nos moldar para caber em sonhos, desejos e expectativas de outros: da família, da sociedade, do parceiro ou até de uma versão idealizada de nós mesmas. Mas a verdade é que, para que a nossa vida caiba na nossa vida, precisamos aprender a sustentar nossas próprias escolhas, mesmo quando elas desafiam aquilo que esperam de nós.

## Emancipar-se das expectativas alheias

Renunciar às expectativas dos outros não é um ato de egoísmo, mas de autocompaixão. Significa entender que você não pode carregar o mundo nas costas sem se perder no caminho. Quantas vezes dissemos "sim" quando queríamos dizer "não"? Quantas vezes assumimos responsabilidades que não eram nossas por medo de decepcionar alguém? Esse ciclo de agradar, de buscar aprovação, nos coloca em uma prisão invisível, onde a única chave é o nosso próprio ato de emancipação.

Essa emancipação não acontece de uma vez. Ela vem de pequenos passos, de aprendermos a perguntar: "Isso é algo que eu realmente quero? Isso reflete meus valores e desejos? Ou estou apenas correspondendo a uma expectativa externa?". Essas perguntas são guias poderosos para nos reconectar com o que é essencial e nos ajudam a sair da idealização da "vida equilibrada" para nosso balancear a partir da presença.

## A autorresponsabilidade como alicerce

Quando escolhemos viver conforme nossa própria verdade, também assumimos a autorresponsabilidade. Isso significa sustentar nossas escolhas, mesmo quando elas não são populares, e lidar com as suas consequências. Às vezes, isso implica abrir mão de algo ou decepcionar alguém. Mas esse é o preço da liberdade emocional e do alinhamento com quem somos.

A autorresponsabilidade também é um convite a parar de buscar culpados ou justificativas externas. A sair do lugar de vítima.

Quando paramos de dizer "Eu fiz isso porque não tinha escolha" e começamos a afirmar "Eu escolhi isso porque era o que fazia sentido para mim", tomamos o controle de nossa história. Sustentar escolhas é um ato adulto, que nos liberta de culpar as circunstâncias ou as pessoas e nos tira da posição de reféns e indefesas.

## Renunciar para conquistar

Toda escolha implica uma renúncia. Quando dizemos "sim" para algo, estamos automaticamente dizendo "não" para outras possibilidades. Isso pode parecer limitador à primeira vista, mas é, na verdade, libertador. As renúncias não são perdas; elas são espaços que abrimos para que o que é verdadeiramente nosso tenha lugar.

Por exemplo, ao renunciar agradar todo mundo, conquistamos a liberdade de viver alinhadas com nossos valores. Ao abrir mão de relações que não nos acrescentam, criamos espaço para conexões mais autênticas. Quando deixamos de lado metas que não fazem mais sentido, podemos redirecionar nossa energia para o que realmente importa; quando renunciamos ao equilíbrio pré-formatado, abrimos espaço para um balancear constante.

## Fazer a vida caber na nossa vida

Quando falo sobre fazer a nossa vida C.A.B.E.R. na nossa vida, estou falando da capacidade adulta e posicionada de priorizar o que importa e de viver com intencionalidade. Essa é a razão de todo esse processo que estamos construindo, essa é a importância da clareza sobre nossos valores e a coragem para viver de acordo com eles. Significa, acima de tudo, que reconhecemos nosso direito de sermos não apenas protagonistas, mas sim autoras de nossas próprias histórias.

É um caminho de altos e baixos, mas também de uma liberdade sem igual. Quando escolhemos adultecer e assumir as rédeas de nossa vida, descobrimos que a plenitude não está em agradar, nem tampouco em ter uma "vida equilibrada", mas em viver de forma autêntica e intensa o balancear dela. E, nessa jornada, cada escolha que fazemos e cada renúncia que aceitamos nos aproximam da vida que realmente desejamos e merecemos viver e podemos, despertas e atentas para tudo isso, escolher não mais nos explorar.

## Essencialismo e simplificação da vida

Acho que o mais difícil na busca dessa calibração da nossa energia é saber como lidar com todas as coisas que queremos na vida e com essa sensação de urgência. É saber orquestrar a complexidade das coisas que vivemos e os desafios que surgem no dia a dia. Já cansa só de pensar!

Um caminho que acredito funcionar bem para conseguirmos lidar com tantas variáveis e zonas de incertezas é a busca pela simplificação. Simplificar a vida começa por sabermos o que é mais importante e essencial para nós e, assim, podermos diminuir a quantidade de variáveis que iremos lidar, colocando foco naquilo que contribui para a realização do que nos é essencial.

Um conceito que me acompanha há muito tempo foi trazido por George McKeown, em seu livro *Essencialismo: a disciplinada busca por menos*:

> *"O essencialismo não trata de fazer mais; trata de fazer as coisas certas. Também não é fazer menos só por fazer menos. É investir tempo e energia da forma mais sábia possível para dar sua contribuição máxima fazendo apenas o essencial."* (2015, p. 13).

Pense nos objetivos de longo prazo que você traz consigo. Mas cuidado! Para achar a essência do que você quer de verdade em sua vida pessoal e profissional, vá além das coisas materiais e entenda que tipo de satisfação real está por trás das coisas que você almeja.

Quando estamos falando do que nos é importante, o pragmatismo não é tudo. Na verdade, tem muito mais a ver com as histórias que nos contamos, com nossas sensações de segurança e incertezas, com nossos valores. É uma equação complexa e que envolve muitíssimo nosso mundo emocional. Pede de nós tempo e reflexão sobre nossos valores. É esse tempo de reflexão que vai nos ajudar a organizar os pensamentos e as emoções, a separar o que é realmente importante e então simplificar, diminuir as variáveis e focar em uma direção.

Pause a leitura agora um pouquinho e pense comigo:

As suas atividades atuais, as coisas que você prioriza, estão agregando valor para o que você realmente quer alcançar daqui a uns anos? Seja muito honesta ao responder para você mesma essa pergunta. Ela vai ajudá-la a separar "o joio do trigo" na hora de tomar decisões. Ela vai ajudar a simplificar processos, priorizar investimentos e organizar suas tarefas, deixando o secundário em seu lugar de espera e descartando o supérfluo com prazer.

E quando oportunidades que parecem imperdíveis surgem e vem aquela tentação de aproveitar a oferta que vai acabar rapidamente, o que você faz? Para começar, é bom lembrar que o marketing tem suas artimanhas de convencimento e vai usar todo tipo de gatilho emocional para fazer você consumir determinado produto ou serviço. Quando uma propaganda diz "últimas unidades" ou coloca que a promoção terminará em três dias, está se utilizando de um gatilho de escassez, para você acreditar que pode fazer parte de um grupo seleto e mais esperto que aproveitou tal oferta especial. Para não cair nessa armadilha, a gente precisa avaliar se adquirir aquele produto contribui para o que é importante para você realizar. Se não vai, deixe para lá, não é para você! Manter o foco passa por fazer renúncias o tempo todo, por resistir a muitas tentações no caminho!

Da mesma forma que precisamos canalizar nossos recursos e nossas energias para o que contribui para nossos objetivos importantes, também temos que recusar nos envolvermos com mais coisas do que damos conta, abraçar demandas que não agregam nada ao que queremos e acumular obrigações para agradar outras pessoas. Aqui entra a difícil tarefa de dizer "não". Digo isso porque é difícil mesmo impor e respeitar esses limites com firmeza quando aprendemos que devemos agradar as pessoas para sermos aceitas e amadas. Falamos disso no capítulo da coragem, mas é sempre bom lembrar.

A forma como você diz o "não" fará toda diferença. O "não" é inegociável naquele momento para você e pode ser dito de forma respeitosa e verdadeira, deixando claro que se importa com o outro e suas necessidades, porém, não tem condições de atendê-lo agora. Sem dar desculpas, trazendo a sua verdade à tona, você se sentirá bem com o "não" necessário.

Isso vale para o trabalho e para a vida pessoal, pois muitas vezes temos que frustrar o desejo de um filho ou deixar de viajar com amigos para poupar aquele dinheiro que, mais tarde, vai se transformar em uma profunda realização.

E não se trata somente de recursos financeiros: os hábitos fazem parte do conjunto de escolhas e renúncias. Se quero, por exemplo, ser uma atleta de corrida, vou dizer "não" aos maus hábitos alimentares, ao consumo de álcool, à procrastinação. Porque se quero ser vencedora, vou me dedicar aos treinos, cuidar da minha saúde, dormir bem e me alimentar de forma adequada. Vou deixar de fazer muitas coisas para escolher, conscientemente, investir no que é importante para mim. Isso é essencialismo.

Na abordagem deste livro, quero que você pense em como dizer "não" à pressão social que quer que você se enquadre em falsos conceitos de sucesso e produtividade, quer que você consuma o que não necessita, quer que você foque mais no ter e parecer do que no ser. Diga um grande NÃO a essa falácia manipuladora e sinta-se livre para dizer "sim" ao que importa e faz você feliz.

Você já deve ter ouvido esta frase que atribuem a Da Vinci: "a simplicidade é o último grau da sofisticação". Mas como aplicar isso à vida prática, no emaranhado de tarefas e problemas complexos que temos que resolver todos os dias? Precisamos começar a simplificar os nossos pensamentos, deixando-os mais claros e organizados a partir dos valores que nos guiam. Essa triagem mental nos ajuda a organizar tudo que fazemos e passa por um processo seletivo do que precisamos ter, aprender, focar e integrar para fazer bem feito o que é importante.

Foi Maeda (2006) quem desenvolveu melhor esse conceito em *As leis da simplicidade*, nos dando uma alternativa à sobrecarga que vivemos. Resumidamente, ele nos faz refletir que a complexidade implica na sensação de estar perdido e a simplicidade, na sensação de estar localizado. Simplicidade e complexidade andam juntas no nosso modo de viver e sentir o mundo. Mas, quanto mais foco e confiança temos no que é importante para nós, mais conseguimos organizar ideias e recursos para realizar as tarefas mais rápido e eficientemente. Estarmos no modo aprendiz, buscando sempre novos conhecimentos e mergulhando no autoconhecimento com coragem é uma premissa da simplicidade, pois essa jornada de aprendizagem contínua nos torna cada vez mais aptas a fazer escolhas melhores, a ser mais assertivas e, assim, mais posicionadas e adultas.

## Depressa ou devagar?

Recentemente estava ouvindo um podcast que gosto muito: *Sessão de enroscos*. O tema de um episódio em particular era "O slow também enrosca", uma análise do *slow movement*, que surgiu na década de 1980 propondo uma mudança cultural para a desaceleração da vida cotidiana. O movimento em si não propõe que façamos tudo devagar, mas, como sempre, muitas pessoas pegaram o gancho e deturparam o sentido original da proposta.

Carl Honoré, autor de *Devagar* (2005), questiona a nossa relação com o tempo e o porquê de vivermos sempre acelerados. Ele diz que a filosofia *slow* é fazer tudo na velocidade certa, fazendo o que é possível, e não tudo o mais rápido possível.

"Ser devagar significa controlar os ritmos da nossa vida. É você que decide em que velocidade deve andar em determinado contexto. Se hoje eu quiser andar depressa, vou depressa; se amanhã quiser andar devagar, vou devagar. Estamos lutando pelo direito de determinar nosso próprio andamento", diz Honoré" (p. 28).

No podcast *Sessão de enroscos (2022)*, a filosofia original é resgatada:

> *"Fazer um movimento sempre com pressa nos adoece. Mas também fazer todos os movimentos devagar igualmente não nos ajuda. O caminho do meio é fazer o movimento contextualizado ao momento vivido".*

Veja como essas ideias estão alinhadas com o balancear que estou propondo. É nisso que acredito. Acelerar ou desacelerar devem ser escolhas conscientes que você faz para atender a momentos específicos da sua jornada. O importante não é aderir a modismos, é escolher seu ritmo de forma consciente, intencional, responsável e sustentável. É sobre você, sempre sobre você!

## Momento prático

Agora, vamos voltar ao convite do início deste capítulo: "[...] que você pare de buscar o equilíbrio pré-fabricado, o novo Eldorado, e comece a se autorizar a estar presente em cada momento, balanceando suas escolhas (e isso envolve deixar – ou escolher corajosamente – que alguns pratinhos caiam)."

Então, pare um pouco e pense:

1. Como você tem levado sua vida: tem tentado equilibrar ou já está aprendendo a balancear com presença?
2. Liste os seus afazeres de um dia ou de uma semana. E se pergunte: o que é realmente essencial que eu faça? O que realmente é importante para mim em tudo isso? O que posso começar a abrir mão?
3. Que histórias você tem se contado que apenas reforçam sua posição de refém ou vítima; e quais reforçam seu cansaço e sua sobrecarga? Como você pode, a partir da autorresponsabilidade, construir novas histórias que façam mais sentido para você?
4. As suas atividades atuais, as coisas que prioriza, estão agregando valor para o que você realmente quer alcançar daqui uns anos?

# Capítulo 7
# Empatia profunda

*"A empatia é a mais nobre conquista do ser humano." (Albert Einstein)*

Não somos nada sozinhos. Precisamos uns dos outros. E para a vida C.A.B.E.R. na vida é preciso ser com o outro.

Eu parto sempre de duas premissas. A primeira é a de que somos seres relacionais e gregários. Precisamos uns dos outros até para construir nossa própria noção de identidade. A identidade é uma necessidade que temos de nos diferenciar, de nos vermos únicos, para então sermos capazes de nos relacionar. E a construímos à medida que nos relacionamos. A segunda é a de que nós surgimos nas relações. Já reparou? Não somos os mesmos em todas as relações e contextos que vivemos. Em cada relação e em cada contexto, emerge uma faceta, um pedaço de quem somos e do que estamos nos tornando. Não somos algo definitivo, estamos sempre em processos de identificação. Justamente por isso é que podemos nos revisitar, aprender sempre e nos transformar.

E, para tudo isso acontecer, precisamos de cada uma das letras aprendidas do acrônimo: C de coragem para se perceber e encarar esse processo com consciência; é preciso mergulhar no A do autoconhecimento autocompassivo; é preciso o B do balancear a vida e ver nela um processo integrativo. E é fundamental a letra que trabalharemos agora: o E da *empatia*, porque tudo acontece enquanto nos relacionamos com quem somos, com os outros e com o mundo.

Isso significa dizer que todo o processo de C.A.B.E.R. na própria vida se dá entremeado em nossas relações. Precisamos aprender, então, a dialogar, a nos abrirmos para aprender com outras pessoas e saber negociar. É um exercício de empatia e de autoempatia. Novamente me vem a dança como analogia: para dançar junto com o outro é preciso aprender a enxergá-lo, sentir seu movimento e o convite que seu corpo faz e encontrar o balanço comum. É preciso abrir espaço para o outro e se mover com flexibilidade. Assim também é na vida e nas nossas relações: precisamos dançar uns com os outros, reconhecendo suas necessidades na presença das nossas necessidades, e reconhecer as nossas necessidades na presença do outro. Ou seja: uma dança fluida e interdependente, que considera e balanceia as necessidades das partes em interação, para que ninguém pise no pé de ninguém, nem se atropele.

Faz sentido e sabemos que é importante, mas pode ser desafiador colocar em prática. Sobretudo, não é tarefa fácil fazer isso o tempo todo e com todo mundo. Logo, precisamos desenvolver a empatia na nossa forma de nos relacionarmos com as pessoas e com seus sentimentos.

## O que é empatia?

Empatia é, antes de tudo, a nossa capacidade de *estar com o outro*, de estar na presença do outro, de estar com ele de verdade, de vê-lo e de ser vista por ele.

Ao falar sobre a empatia, alguns dizem que é a habilidade de se colocar no lugar do outro. Mas isso não é possível. Cada pessoa tem uma história e perspectivas diferentes sobre a vida, sobre motivações, crenças, o mundo e a vida. Mesmo que queiramos, não conseguimos acessar essas informações. Então, em vez de dizermos que a empatia é "se colocar no lugar do outro", convido você a pensar que é o desejo ativo de se aproximar do outro e de se interessar por sua vida, história e perspectiva, mesmo que isso seja absolutamente diferente da sua própria. É se permitir aprofundar um pouco mais o olhar e a conversa e se conectar a partir do seu mundo emocional. Ainda que suas histórias e repertórios sejam muito diferentes, é possível se conectar pela emoção. Por exemplo: alguém lhe conta uma história que a deixou com muito medo e ansiosa. Talvez, essa história não seja um gatilho de medo e angústia para você. Mas você pode se conectar com sua própria história e momentos em que sentiu medo e ansiedade. Aí sim, a partir desse lugar, é possível se conectar com esse alguém e reconhecer a dor a ponto de dizer, genuinamente, um "Sinto muito" e oferecer apoio. Essa é base da empatia que proponho no C.A.B.E.R. e é a base para compreendermos que as vidas de todos nós são feitas de escolhas, renúncias e contextos que nem sempre conhecemos.

Dito de forma mais simples e direta, empatia é ouvir com atenção, sem pressa de responder. É validar a experiência do outro, mesmo quando ela difere radicalmente da nossa. Mais do que palavras gentis, é uma disposição interna de abrir espaço para o outro ser quem é, sem julgamento.

Na prática, a empatia nos convida a perguntar antes de pressupor, a acolher antes de corrigir. É um ato de coragem, porque nos desafia a olhar além de nós mesmos e nos conectar com a humanidade compartilhada. Conexões assim exigem presença e disposição, exigem despir-se de armaduras, papéis e máscaras e se colocar nas relações a partir da vulnerabilidade.

Esta é a grande questão: se estamos condicionadas a acreditar que precisamos dar conta de tudo como super-heroínas, teremos dificuldade de ficar vulneráveis para compartilhar algo pessoal e que nos incomoda, e até mesmo sintomas de adoecimento que estamos sentindo. Então, eu quero ser compreendida e recepcionada de braços abertos por outra pessoa, quero que ela seja empática com minha dor, mas não permito que ela me enxergue como sou e como estou agora. Como essa conexão poderá acontecer?

Armada com meus escudos de Mulher-Maravilha, inclusive o de invisibilidade, parece que estou me protegendo do julgamento e mantendo com sucesso as aparências da perfeita equilibrista. Ao fazer isso, no entanto, me privo da possibilidade de viver uma conexão genuína com outra pessoa. Um elo que me acalme, que me passe a sensação de estar em casa com aquela companhia, em um momento de aconchego, quando está tudo bem ser quem somos. Essa experiência só é possível de ser vivida quando conseguimos nos abrir e praticar uma empatia profunda e de mão dupla.

O que desejo para mim devo praticar com o outro. Assim sendo, preciso me fazer disponível para escutar ativamente outra pessoa, estar presente e atenta às necessidades, afastando os pensamentos e o ímpeto de julgá-la. Preciso respeitar e acolher sua vulnerabilidade, pois é nesse estado que a conexão tem espaço para acontecer e a troca pode ser rica e transformadora para ambas.

Não precisamos de alguém que nos salve e que resolva os nossos problemas. Precisamos de alguém que nos escute e que nos acompanhe. O que queremos é a garantia de que não precisamos atravessar nossos desertos sozinhas. Só isso já é o bastante para nos fortalecer e encorajar.

A escuta ativa e intencional é um pilar da conexão empática. Sem ela, não consigo me acolher primeiramente e aceitar como estou me sentindo, seja isso o que for. Fica difícil me movimentar para sair da solidão e ter coragem de compartilhar. Sem exercitar essa escuta íntima e conhecer seus mecanismos, também não consigo me dispor a praticá-la com o outro quando ele deseja se abrir comigo. Por isso, digo que o autoconhecimento é tão importante para desenvolver a habilidade de estar com o outro. Necessitamos investigar as nossas emoções, acessar aquilo que dói em nós, para termos abertura para acompanhar o outro em sua jornada.

Agora, como ser empática diante de experiências e sofrimentos que você nunca viveu? Digamos, por exemplo, que alguém está passando por um grande luto, como a morte de um filho ou uma separação dolorosa. Como ser empática com essa pessoa se você nunca viveu algo assim?

Se seu repertório não alcança o tamanho dessa dor, ainda assim, você pode escolher ativamente acreditar nela, escutar e reconhecer o que esse alguém diz e *estar com* a pessoa enquanto atravessa a dor.

Brené Brown fala com profundidade sobre esse tema em diversos livros, mais especialmente no *Atlas of the Heart: Mapping Meaningful Connection and the Language of Human Experience*:

> *Precisamos dissipar o mito de que empatia é "andar nos sapatos de outra pessoa". Em vez de andar nos seus sapatos, eu preciso aprender a ouvir a história que você conta sobre como é estar nos seus sapatos e acreditar em você, mesmo quando isso não corresponde às minhas experiências. (2021b, p. 123, tradução nossa).*

## Por que a empatia é essencial?

A empatia é essencial porque nos lembra de que ninguém vive isolado. Mesmo quando escolhemos trilhar nosso próprio caminho, é nas relações que encontramos apoio, aprendizado e crescimento. É nas relações que balanceamos a vida. A empatia cria uma ponte entre nossas experiências individuais e as dos outros, tornando as relações mais significativas e fortalecendo nossa capacidade de conviver em harmonia, de acelerar e desacelerar.

Para que a vida caiba na nossa vida, precisamos desse espaço emocional. A empatia nos ajuda a criar um espaço – não apenas para nós, mas também para o outro. Quando nos permitimos enxergar além das nossas dores e de nossos desejos e nos permitimos ver e reconhecer o outro, encontramos novas formas de resolver conflitos, de nos comunicar e de construir relações baseadas na compreensão mútua. Isso é fundamental para abrirmos conversas sobre o nosso cansaço, sobre a sobrecarga que vivemos, sobre a necessidade de sairmos da idealização para uma vida mais autêntica. A autenticidade precisa de empatia. Ela torna as relações espaços seguros para sermos quem somos.

## Empatia e autorresponsabilidade

Curiosamente, a empatia também está intimamente ligada à autorresponsabilidade. Ao reconhecermos que todos enfrentam desafios e fazem escolhas complexas, deixamos de culpar os outros pelos nossos problemas e nos tornamos mais compassivas – conosco e com quem nos cerca. Isso não significa tolerar desrespeito ou abdicar dos nossos limites, mas sim abordar as relações com um olhar mais humano e compreensivo.

## Como cultivar a empatia

Foi Thereza Wiseman (*apud* Brown, 2021b), psicóloga e pesquisadora britânica, referência em estudos sobre empatia, quem sistematizou o que é a empatia e como podemos cultivá-la como prática. Ela definiu quatro atributos:

1. **Interessar-se pela perspectiva do outro:** dedique tempo para ouvir sem interromper, isto é, pratique a escuta ativa. Dê ao outro a chance de expressar plenamente o que a experiência relatada representou para ele. Isso lhe permite escutar a *perspectiva do outro*, reconhecendo-a como verdadeira e válida, mesmo que seja diferente da sua.
2. **Suspender o julgamento:** entenda que cada pessoa tem sua própria história e que você não precisa concordar para respeitar. Mesmo que os julgamentos e as críticas venham à mente, faça uma escolha consciente de abster-se deles, focando em compreender as motivações e os sentimentos do outro a partir da experiência que ele traz, sem valorá-los como bom ou mal, certo ou errado. Observe e escute, sem julgar.
3. **Reconhecer as emoções presentes:** pergunte com interesse genuíno sobre o que o outro está sentindo ou pensando, enquanto busca, em si mesmo, nas suas próprias histórias e experiências, elementos que lhe permitam se conectar com tudo

isso. Pratique a curiosidade. Isto é, busque ao longo da conversa, perceber e identificar as emoções do outro, tanto as expressas verbalmente quanto as não verbais, e faça o mesmo com você. É um olho para fora, atento ao que o outro diz, e um olho para dentro, observando o que se passa em você enquanto o escuta. Esteja atento e curioso ao que ele diz e cheque se você está acompanhando (pergunte dizendo o que você está entendendo e se certifique de que seja isso mesmo). As emoções são o pano de fundo de toda a história. É delas que precisamos cuidar.

4. **Comunicar o seu entendimento sobre a emoção:** às vezes, isso exige mais detalhes e elaboração; outras vezes, é tão simples quanto dizer: "Que difícil, entendo profundamente o que você quer dizer."
   O importante aqui é reconhecer a emoção e estabelecer uma conexão empática, transmitindo ao outro que você compreende seus sentimentos e sua perspectiva, de forma clara e acessível para ele.

Na compreensão da empatia, tanto Theresa Wiseman quanto Brené Brown destacam a importância da escuta ativa e sem julgamentos. Esse é o alicerce para construirmos a capacidade de acolher o outro em sua totalidade, reconhecendo suas experiências sem tentar corrigi-las ou minimizá-las. Brené, considera os atributos da empatia propostos por Wiseman e pega emprestado de Neff mais um: **praticar a presença plena (mindfulness)**.

De acordo com Brené, e eu assino embaixo, para conseguirmos exercer a empatia, precisamos estar presentes. Se estamos com a cabeça cheia, preocupadas com outras coisas, cansadas ou se temos alguns julgamentos prévios sobre a pessoa com quem conversamos (se estamos com alguma pendência ou incômodo em relação a ela), dificilmente conseguiremos ser empáticas. Por isso, é importante respirar e se auto-observar, escolhendo limpar sua mente e seus juízos, suspendê-los e ver se há algo impedindo você de estar realmente presente e atento à pessoa. Se houver, veja se é possível cuidar disso em você e, se não for, seja honesto com a outra pessoa ou proponha que a conversa aconteça em outro momento. Fazer isso, por si só, é um ato de empatia e cuidado com você e com o outro.

É importante que conheçamos e reconheçamos o nosso mundo emocional, que estejamos sempre despertas para nosso AA para sermos capazes de abrir espaço em nós mesmas para nos conectarmos com os outros. A premissa chave é que, quando nos conectamos com nossas próprias emoções e nossas histórias e as acolhemos, abrimos espaço para estarmos com o outro, desenvolvendo a empatia profunda. É importante que você se interesse com curiosidade pelas suas emoções e que aprenda a nomeá-las nesse processo de letramento emocional.

Ao fazer isso, nos permitimos entender melhor as complexidades dos sentimentos humanos e nos tornamos mais sensíveis e compassivas com nossas próprias experiências e emoções; assim também ficamos mais disponíveis para as experiências e emoções dos outros.

Portanto, a empatia vai além de um simples ato individual, estendendo-se às nossas relações interpessoais, pois, ao cultivarmos laços empáticos, contribuímos para o fortalecimento de uma sociedade mais unida e solidária, na qual a compaixão e o respeito são valores fundamentais.

Segundo o filósofo australiano Roman Krznaric, autor do livro *O poder da empatia: a arte de se colocar no lugar do outro para transformar o mundo* (2015), empatizar é encontrar a humanidade compartilhada. Precisamos ter uma mente aberta para fazer conexões inesperadas e sair da maneira automática de pensar e falar para superar barreiras, preconceitos e estereótipos. Como já vimos, Kristin Neff aborda o senso de humanidade compartilhada como um dos pilares da autocompaixão, que é berço da empatia.

Para mim, pensar e sentir a humanidade compartilhada traz um gigantesco alívio. Tira o peso do perfeccionismo e dos padrões inflexíveis, da sociedade do cansaço e da normose; nos faz abrir mão, mesmo que momentaneamente, dos papéis de tarefeira, equilibrista e Mulher-Maravilha e nos conecta com o balancear e a impermanência da vida. Envolve reconhecer e abraçar nossa própria vulnerabilidade e a do outro para que, em um encontro sem máscaras, possamos nos conectar com profundidade e inteireza.

Nesse contexto, é importante dizer que a empatia se dá entre iguais, nunca em uma relação de assimetria de poder. Mesmo que você esteja sendo empática com seu chefe, ou com seu filho. Mesmo que haja uma hierarquia tácita na relação, para desenvolver a empatia é importante abrir mão dessa posição e se conectar com o outro como igual, isto é, reconhecer que tanto você quanto ele são humanos, têm seus calcanhares de Aquiles e, dadas as condições de temperatura e pressão, podem se sentir mal, fazer coisas que se arrependam e, por isso, podem e merecem empatia.

É um exercício de transposição do ego e do desejo de controle – que sempre quer aparentar saber mais, dar conta de tudo, estar no controle das emoções, julgar a si mesmo e ao outro – para acionar nossa natureza selvagem, por meio da qual encontramos nossa capacidade (e necessidade) humana mais profunda de sentir compaixão, de ver o outro como queremos ser vistas, de nos permitir sentir com o outro e deixá-lo sentir com a gente.

Essa é a empatia profunda que precisamos desenvolver para uma vida mais leve, na qual o balancear é possível: uma via de mão dupla que nos conduz tanto ao encontro do outro quanto a uma compreensão mais profunda de nós mesmos. É um gesto de amor e aceitação que nos transforma enquanto modifica o nosso olhar para o mundo ao nosso redor e nos permite, nessa dança de interdependência, afrouxar as cangas que nos exaurem.

## Empatia cognitiva e empatia afetiva

Imagine-se caminhando por uma rua movimentada, quando de repente seus olhos cruzam com os de uma criança que chora copiosamente. Uma onda de tristeza toma conta de você, como se a dor dela tivesse se infiltrado em seu próprio ser. Você se aproxima e pergunta se há algo que possa fazer para ajudar. Nesse breve encontro, você experimentou a empatia, a capacidade de se conectar com o outro e sentir suas emoções.

Segundo Edith Stein, filósofa e fenomenóloga alemã, a empatia possui duas faces distintas e interligadas: a cognitiva e a afetiva. A *empatia cognitiva* é a capacidade racional de ter a intenção de se colocar no lugar do outro, de compreender seus pensamentos, seus sentimentos e suas motivações. É como se você estivesse usando os óculos do outro para ver o mundo com seus olhos. Já a *empatia afetiva* é a capacidade de compartilhar as emoções do outro, de se conectar com essa emoção e assim ser capaz de estender a mão. É a experiência profunda da ressonância emocional, da conexão com o outro em um nível mais profundo.

Conforme Almeida (2014), a empatia, para Edith Stein, não é apenas um ato intelectual, mas também um ato de amor. E amor é a escolha de se abrir e se disponibilizar para o outro de forma genuína. Quando pensamos a empatia dessa perspectiva, ela se volta ao que propus: uma capacidade de transcender o ego e se abrir para o outro, reconhecendo sua humanidade e seu sofrimento. Vendo a si mesmo como igual, entendendo que, a depender das condições de temperatura e pressão, você seria capaz de agir igual ou poderia sentir a mesma sensação.

## Você não precisa salvar ninguém!

No exemplo da criança que chora, a empatia cognitiva leva você a entender que ela está sofrendo, enquanto a empatia afetiva faz sentir a dor como se fosse sua, a partir de suas próprias experiências. Essa conexão auxilia a oferecer ajuda e conforto, demonstrando que a empatia não se limita à compreensão, mas impulsiona a ação em prol do outro.

Mas cuidado com uma possível armadilha: empatia não é querer salvar o outro! A salvadora é uma das posturas assimétricas da Mulher-Maravilha, que é justamente o que estamos tentando desconstruir. Você não precisa salvar ninguém. A ideia da empatia é que você se coloque ao lado da pessoa, que dê suporte e caminhe ao lado dela enquanto ela busca seus caminhos e suas respostas. Você a apoia, mas não toma a frente nem resolve por ela. Se cair na armadilha da salvadora, sem perceber, constrói uma assimetria de poder, na qual você é poderosa, autoconfiante, capaz de resolver problemas e situações difíceis, e a outra pessoa é o ser frágil, inseguro e dependente. Estou exagerando para ser didática, mas é importante olhar para isso e cuidar para não construir relações de codependência. A empatia não se dá em relações entre salvadora e refém ou entre salvadora e vítima. Ela acontece em relações simétricas, nas quais acompanhamos o outro na sua dor e confiamos (e, muitas vezes, somos os primeiros a confiar, mesmo antes que o outro confie) que ele será capaz de construir seus próprios caminhos. E garantimos que estaremos ao lado dele, sempre e quando ele precisar.

A ciência vem desvendando esse fenômeno que é a empatia: quando você a sente, seu cérebro ativa os neurônios-espelho, permitindo que se experimente as emoções de outra pessoa como se fossem suas próprias. Esses neurônios, localizados no córtex pré-motor e no lobo parietal inferior, são essenciais para a imitação e a compreensão emocional. Além disso, várias áreas do nosso cérebro (como o córtex pré-frontal medial, a ínsula e o córtex cingulado anterior) trabalham juntas para processar essas emoções, fazendo com que você realmente sinta a dor ou alegria do outro.

Portanto, a regulação emocional também é crucial para a empatia. O córtex pré-frontal dorsal lateral ajuda a equilibrar suas respostas emocionais, permitindo que você entenda intelectualmente (empatia cognitiva) e compartilhe emocionalmente (empatia emocional) os sentimentos dos outros. Estudos de neuroimagem mostram que observar alguém em uma situação emocional ativa áreas equivalentes às dela no seu cérebro, reforçando a profunda conexão humana que baseia a empatia.

## As falas empáticas

Em seu livro *A coragem de ser imperfeito* (2013), Brené Brown aponta que "não há maneira certa ou errada de demonstrar empatia. É simplesmente escutar, criar espaço para a sinceridade, não emitir julgamentos, se conectar emocionalmente e transmitir aquela incrível mensagem restauradora que diz 'você não está sozinho'" (p. 63). Mas existem algumas falas que nos ajudam a fazer esse caminho mais facilmente. São ferramentas poderosas que nos permitem conectar com o outro em um nível mais profundo. Mais do que palavras bonitas, são atos de compaixão que abrem caminho para a compreensão genuína e o apoio incondicional.

Ao longo dos meus anos de trabalho, sintetizei algumas dessas falas a partir de seis pilares, que agora compartilho com você. É possível observar que alguns são semelhantes aos propostos por Wiseman, mas os apresento novamente para reforçar a importância deles e para que você tenha um glossário e amplie sua compreensão da empatia.

## Seis pilares da empatia

1. **Escuta ativa:** ouvir com atenção e sem julgamentos, demonstrando interesse genuíno pelo que o outro está dizendo. A escuta ativa é a base da empatia. É sobre prestar atenção ao que a outra pessoa está dizendo, tanto verbalmente quanto não verbalmente, e tentar se conectar com o que ela está sentindo.
2. **Validação:** reconhecer e aceitar as emoções do outro, mesmo que você não concorde. Significa apenas que você reconhece que a pessoa está sentindo o que está sentindo e que você está ali para ouvir.
3. **Reflexão:** repetir o que o outro disse com suas próprias palavras, para checar se você o compreendeu, acessando suas próprias emoções, para então se conectar verdadeiramente com o outro.
4. **Normalização:** não há emoção errada de sentir. É importante mostrar que as emoções do outro são comuns e compreensíveis.
5. **Evitar julgamentos:** abster-se de críticas e conselhos não solicitados. Quando você está tentando ser empático, é importante estar consciente e escutar internamente os seus jul-

gamentos e não se ater a eles. A ideia é transformá-los em observações. Isso significa não criticar a pessoa ou oferecer soluções para seus problemas. Em vez disso, concentre-se em simplesmente ouvir e entender.

6. **Oferecer apoio:** demonstrar que você está disponível para ajudar no que for preciso. Pergunte o que a pessoa precisa e como quer contar com sua ajuda ou apoio.

Sei que, embora esses conceitos sejam fáceis de compreender e que desejemos colocá-los em prática, às vezes, quando uma situação real acontece e nos convida à empatia, a gente "trava" ou acaba metendo os pés pelas mãos. Então, para apoiar você nesses momentos e trazer um novo repertório de falas empáticas, trago alguns exemplos para você usar e abusar em diferentes contextos:

1. **Demonstração de escuta ativa**
   - "Estou aqui para ouvi-la. Você quer me contar mais sobre isso?"
   - "Parece que isso foi muito difícil para você. Quer me explicar como se sente?"
   - "Entendi que você está passando por um momento complicado. O que posso fazer para ajudar?"

2. **Validação emocional**
   - "É totalmente compreensível você se sentir assim diante dessa situação."

- “Eu também ficaria frustrada se estivesse no seu lugar.”
- “Faz sentido que você esteja se sentindo sobrecarregada com tudo isso.”
- “Sinto muito por isso”.

**3. Expressão de solidariedade**

- “Não quero que você sinta que está sozinha nisso. Estou aqui com você e por você.”
- “O que você está sentindo importa, e eu quero apoiá-la.”
- “Eu realmente admiro a sua coragem de compartilhar isso comigo.”
- “Conte comigo”.

**4. Reconhecimento da dor ou dificuldade**

- “Imagino que isso tenha sido muito doloroso para você.”
- “Deve ser realmente desafiador lidar com tudo isso.”
- “Eu não consigo imaginar exatamente o que você está passando, mas quero tentar entender e quero apoiá-la da forma que você precisar.”
- “Não consigo sequer imaginar o tamanho da sua dor, mas, ainda assim, estou aqui com e por você”.

**5. Oferecimento de suporte**

- “Se você precisar de alguém para conversar ou de ajuda, pode contar comigo.”

- "Como posso ajudá-la a lidar com isso?"
- "Se precisar de um tempo ou de espaço, avise, ok? Estou aqui."

Essas frases são exemplos que podem ajudá-la a criar conexão e acolhimento e mostram que você se importa genuinamente com o que a outra pessoa está passando.

Colocar em prática as falas empáticas pode ser desafiador, mas os resultados são transformadores. Ao seguir os seis pilares e exercitar alguns desses exemplos, tornando-os parte do seu repertório, há a possibilidade de construir pontes de conexão, promovendo a compaixão e criando um ambiente mais acolhedor para todos. As falas empáticas têm um grande impacto sobre o outro. Elas podem ajudar as pessoas a se sentirem ouvidas, compreendidas e apoiadas, o que, por si só, já alivia a carga mental e emocional e dribla o cansaço de ter que se fazer valer. As falas empáticas nos tiram da defensiva, como se você estivesse a todo tempo tendo que se defender. Elas tornam a conversa um lugar seguro, no qual a vulnerabilidade é bem-vinda e as emoções, sejam quais forem, também.

Em suma, comece praticando a escuta ativa, silenciando suas próprias vozes e abrindo espaço para o outro. Valide suas emoções, reconhecendo sua dor e seu sofrimento sem julgamentos, para então estar com o outro. Reflita e ofereça ao outro uma paráfrase do que ele falou com suas palavras, demonstrando que você realmente o compreendeu. Mostre que suas emoções são comuns e normais, diminuindo o peso da dor dele. Evite julgamentos e conselhos não solicitados e ofereça apoio incondicional, demonstrando que você está ali para o que der e vier.

As falas empáticas são sementes de compaixão que, quando plantadas com cuidado, florescem em um mundo mais conectado e humano. Ao dedicarmos tempo e atenção para desenvolver essa habilidade, podemos fortalecer nossos relacionamentos, aumentar nossa capacidade de compreender o outro e contribuir para um ambiente mais acolhedor e amoroso.

## A dor que é nossa

Quando a empatia profunda acontece, a cura já começa só pela descoberta de que você não está sozinha naquela dor, pois outras pessoas compartilham dela ou já viveram algo bem parecido, mesmo que em circunstâncias diferentes. É um bálsamo não nos sentirmos mais sozinhas em nossas dores! E nos lembra de um dos componentes da autocompaixão: a humanidade compartilhada.

Cada página deste livro carrega a essência da empatia, pois está norteada pelo propósito de mostrar a você, leitora, que não está sozinha na sua dor, mesmo que muitas vezes a experimente isoladamente, sentindo que somente não está dando conta de equilibrar tudo, que fracassou ou que não é suficiente em qualquer dimensão da vida, tenha certeza que essa dor é compartilhada por muitas e muitas mulheres. Essa dor tem causa e efeito, mas também tem remédio! Saber isso já gera alívio e abre as portas para seu processo de ressignificação. O processo de mudança pode ser vivido com mais tranquilidade quando você se permite ser vulnerável e caminhar de mãos dadas com todas nós, pois essa dor é nossa tanto quanto é nossa a capacidade de mudar suas causas dentro e fora de nós!

## Momento prático

Vamos praticar? Convido você para dois exercícios: um consigo mesma e outro compartilhado com alguém.

**Exercício 1 – Consigo mesma**

1. Dê a si mesma um tempo agora para pensar e refletir: você tem sido empática consigo mesma? E com os outros?
2. Lembre-se de uma situação que você viveu e que houve empatia: o que havia lá? O que aconteceu? Como você se sentiu?
3. Quais comportamentos de outra pessoa fazem você reconhecer a empatia e se sentir acolhida?
4. Como você demonstra sua empatia? Liste alguns dos comportamentos que faz intencionalmente para demonstrar para o outro que você está com ele.
5. Liste o que você precisa quando quer a empatia e o suporte de alguém.
6. Escreva suas falas empáticas e as que você gostaria de ouvir de alguém quando está vulnerável.

**Exercício 2 – Estar com o outro**

**Objetivo:** desenvolver a habilidade de estar presente e verdadeiramente conectado com outra pessoa.

1. **Escolha alguém:** encontre uma pessoa com quem você se sinta confortável para realizar esse exercício. Pode ser uma amiga, familiar, colega ou até mesmo uma pessoa do seu círculo social com quem você deseja se conectar melhor.
2. **Encontre um ambiente tranquilo:** escolha um local onde vocês possam se sentar juntas sem distrações. Pode ser uma sala silenciosa, um parque ou qualquer outro lugar onde possam se concentrar uma na outra.
3. **Estabeleça a intenção:** antes de começar, compartilhe com a pessoa a intenção desse exercício – estar presente e ouvir verdadeiramente, sem julgamentos ou distrações.
4. **Escuta ativa:** durante 3 a 5 minutos, uma de vocês falará sobre qualquer coisa que esteja em sua mente ou seu coração, enquanto a outra escuta atentamente. A ouvinte deve se concentrar totalmente no que está sendo dito, sem interromper, dar conselhos ou mudar de assunto. Apenas ouvindo e estando presente.
5. **Troca de papéis:** depois desse tempo, troquem os papéis. Agora, a ouvinte se torna a falante e a falante se torna a ouvinte, seguindo as mesmas diretrizes de escuta ativa.

6. **Reflexão conjunta:** após ambas terem tido a chance de falar e ouvir, tirem alguns minutos para refletir sobre a experiência. Discutam:
   - Como foi ser ouvida sem interrupções?
   - Como foi ouvir sem a pressão de responder ou resolver algo?
   - O que você aprendeu sobre a outra pessoa e sobre si mesma?

7. **Expressão de gratidão:** termine o exercício expressando gratidão uma pela outra. Agradeça pela vulnerabilidade, pela presença e pela oportunidade de se conectarem de maneira mais profunda.

**Dica:** você pode repetir esse exercício regularmente e fazê-lo intencionalmente para fortalecer a conexão e a empatia em seus relacionamentos, mesmo que a falante não saiba. A prática constante de estar com o outro muda a qualidade das nossas relações e da compreensão mútua.

# Capítulo 8
# Recomeçar e recomeçar de novo

> *"Embora ninguém possa voltar atrás e fazer um novo começo, qualquer um pode começar agora e fazer um novo fim."*
> *(James R. Sherman*)*

A jornada do C.A.B.E.R. não tem um ponto de chegada, nem promete um Nirvana**. Ela tem mais a ver com experimentar a existência com toda nossa humanidade, deixando o fluir interior se integrar ao movimento contínuo da vida. E, nessa dança, é necessário

* O autor escreveu essa frase no livro *Rejection* (Pathway Books, 1982). O original em inglês é: "While no one can go back and make a new beginning, anyone can start now and make a new ending."

** Nas religiões indianas, o estado permanente e definitivo de beatitude, felicidade e conhecimento é a meta suprema do homem religioso, obtida por meio de disciplina ascética e meditação (Dicionário Oxford).

ir escolhendo o que faz sentido, não importa quantas vezes seja preciso pausar e recalibrar a rota.

Essas pausas para recalibrar são, em essência, recomeços. São oportunidades de compreensão mais profunda da impermanência que rege tudo em nós e em volta de nós. Sei que parece um contrassenso fazer tantos movimentos de mudança e autotransformação para, depois, ter que recomeçar. Mas não é assim que devemos encarar os recomeços!

Veja por uma outra perspectiva, um alento aqui e agora: recomeços não são sinais de fracasso, são refazimentos contínuos e necessários. Mesmo quando você vivencia uma mudança abrupta, nunca volta à estaca zero, nunca retrocede, pois esses recomeços são como pontos de inflexão da sua história, seja por decisão sua ou por fatores externos que forcem você a reagir. É importante entender que você está avançando sempre. Para isso e por isso, o recomeçar é a última letrinha do nosso acrônimo. Você precisa ter coragem de se reinventar, a partir do autoconhecimento autocompassivo, tendo em perspectiva o balancear de suas escolhas a partir da sua integridade e com presença, exercitando a empatia consigo e com os outros. Com isso em dia, você pode confiar e acreditar!

Eu sei que parece um conto de fadas dito assim e que muitas vezes a sensação de fracasso é real e penosa; conseguimos encontrar várias provas de que falhamos. Eu mesma já me senti dessa forma várias vezes! Mas sabe o que é libertador? É que, quando você muda de perspectiva, percebe que o fracasso não existe. Somente existe se você escolhe se identificar com ele e parar no momento em que falhou, caiu ou algo deu errado. O fracasso não é um fim. Se você escolhe aprender com ele, é apenas parte do processo.

Falo muito para meus pacientes: se congelar no fracasso é como se estivesse parando de assistir ao filme no meio e ficando com aquela sensação de que deu tudo errado, que só aconteceram tragédias. "Calma! Assista ao filme até o final! Escreva o filme até o final, acolha sua história e seja dono dela, e escolha com coragem qual final ousado você quer construir". Não é assim que acontece nos filmes? Embora muita coisa difícil aconteça, em geral, o protagonista sofre, entra em batalhas, conflitos e dilemas e, então, se refaz, se renova, aprende, recomeça e sai do outro lado. Aliás, essa é a jornada do herói, descrita pelo mitólogo, escritor e professor Joseph Campbell em seu livro *O herói de mil faces (The Hero with a Thousand Faces)*, publicado originalmente em 1949. Somos todos "heróis" do filme da nossa vida e devemos assumir a autoria com coragem e resiliência, dando aos fracassos que tivermos o seu devido peso como um instrumento de aprendizado e, assim, como uma oportunidade de recomeçar!

Sabe aquela frase clássica "levanta, sacode a poeira e dá a volta por cima", da música *Volta por cima*, composta por Paulo Vanzolini e que virou um hino brasileiro sobre resiliência? A ideia é exatamente essa! Então, quando cair ou sentir que fracassou, seja gentil e generosa consigo mesma, se acolha e se levante, não se identifique nem faça morada na queda; sacuda a poeira, e peça ajuda para colar os caquinhos e as feridas que porventura essa queda deixar;

e, então, dê a volta por cima, reflita, consolide os aprendizados e, de cabeça erguida, volte a andar olhando para frente. Ou seja, não desista: persista, aprenda, se conecte com sua força e com sua verdade (no mais profundo da sua identidade, da sua natureza selvagem) e, então, se reposicione e faça novas escolhas. O fracasso só existe para quem desiste de si mesma. Pense nisso!

Usei a palavra "herói" e "heroína", mas quero ter bastante cuidado, pois não quero de forma alguma reforçar a ideia que tem nos pesado tanto como mulheres de que você precisa "ser guerreira" e de que é bonito e valoroso não deixar a peteca cair em momento algum; que você precisa viver na penúria, porque é "forte", porque você consegue, porque é uma "heroína". É essa, inclusive, a síndrome da Mulher-Maravilha que estamos desconstruindo.

A ideia da jornada do herói descrita por Campbell é sobre um padrão narrativo universal presente em mitos, histórias e religiões de diversas culturas ao longo da história. Esse padrão, chamado de *monomito*, descreve a trajetória de um herói que passa por etapas comuns, como o chamado à aventura, desafios, transformação e retorno. É a própria jornada da vida de todos nós, humanos. Várias sagas do cinema, as mais aclamadas inclusive, seguem esse fluxo narrativo, como *Star Wars*, *Harry Potter*, *Marvel* e tantas outras.

Mas foi Maureen Murdock, escritora e terapeuta, discípula de Campbell, que percebeu que, no que tange a nossa jornada como mulheres, há nuances que o monomito não considerava e que precisamos considerar. Ela então escreveu *A jornada da heroína* (1990). A diferença essencial em relação ao trabalho de Campbell é que, enquanto a jornada do herói tradicionalmente foca na superação de desafios externos e na conquista de algo tangível (uma vitória, um tesouro ou a salvação de um povo), tendo o masculino como referência, a jornada da heroína nos conduz a uma reconexão com a natureza feminina e à cura de feridas deixadas pela necessidade de adequação aos valores masculinos. Dessa forma, enfatiza o equilíbrio interno, a reconciliação com o feminino e o necessário processo de ressignificação relacionados à desconexão com aspectos intrínsecos de si mesma; um verdadeiro caminho de autoconhecimento autocompassivo em busca por autenticidade e real posicionamento. Ela diz:

> *"Tudo é possível para as mulheres quando encontramos nossa voz, honramos nossa identidade, batalhamos juntas por um objetivo comum e permanecemos de braços abertos aos céus, com a antiga Deusa Mãe, numa postura de orgulho e reconhecimento da sacralidade do feminino." (1990, p. 19).*

Ora, não é justamente essa a jornada que estamos fazendo aqui juntas? Não é essa a proposta deste livro? Sim, e é nesse contexto que trago a "heroína"; é esse conceito que precisamos fortalecer para seguirmos nossa jornada.

Observe as etapas que Murdock descreve e veja se você se reconhece nelas.

## As etapas da jornada da heroína

1. **Separação do feminino:** a heroína começa rejeitando aspectos femininos de si mesma, muitas vezes por influência de um mundo que valoriza traços associados ao masculino (lógica, competitividade, ambição).
2. **Identificação com o masculino e conquista de aliados:** busca êxito no mundo masculino do trabalho. Busca mentores e referências que sejas masculinas
3. **Caminho de provas: encontro com ogros e dragões:** quer provar que é inteligente e competente, que é independente emocional e financeiramente. Se lança no mundo do trabalho em busca de validação.
4. **A dádiva ilusória do sucesso:** ela conquistou o mundo, conquistou a admiração de muitos. As realizações se tornaram um vício, e essa sensação de poder a entorpece.
5. **Despertar para sentimentos de aridez espiritual – morte:** é neste momento que a mulher começa a se sentir fora de sintonia consigo mesma. Ela começa a se questionar: "de que me serve tudo isso? Conquistei tudo o que queria, mas me sinto vazia." (Murdock, 2022, p. 26). O equívoco foi lá no início ter tomado a decisão de seguir as regras dos outros para alcançar valor próprio e sucesso.
6. **Iniciação e descida para a Deusa:** começa o reencontro com o *ser* em vez de fazer; um olhar para dentro, um despertar da

consciência das mudanças cíclicas e um desejo de honrar a condição feminina.

7. **Anseio urgente pela reconexão com o feminino:** começa a haver um desejo de recuperar partes importantes de si mesma e de redescobrir a alma perdida na cultura.

8. **Cura da ruptura mãe/filha:** lentamente, a heroína começa a curar a ruptura mãe/filha, essa ferida que ocorreu com a rejeição inicial do feminino. Ela começa a acolher seu corpo e sua alma, resgatando seus sentimentos, sua intuição, sua sexualidade, sua criatividade e seu humor.

9. **Cura do masculino ferido:** a busca pelo reconhecimento exterior se torna cada vez menos importante e uma sensação de validação interna começa a florescer. "Quando reduz a ênfase que dá à busca heroica exterior para definir a si mesma, a mulher fica livre para explorar *as próprias imagens* e *a própria voz*" (p. 30).

10. **Integração de masculino e feminino:** há, então, a coragem de conviver com o paradoxo e a heroína se desprende dos êxitos conquistados e ela começa a usar suas habilidades para se aproximar das pessoas, em uma percepção mais coletiva e menos individual. Aqui, há o casamento sagrado entre o masculino e o feminino: quando a mulher pode não apenas servir às necessidades dos outros, mas valorizar e ser sensível às suas próprias necessidades. Esse é o foco da integração e da consciência da interdependência que surge quando trabalhamos juntas.

Para se ver nesse caminho, para se tornar essa "heroína", considerando a sociedade em que vivemos e o contexto, há que se fazer a caminhada do C.A.B.E.R.: é preciso coragem para desafiar os padrões e autoconhecimento autocompassivo – aliás, essa é própria jornada –; é preciso se permitir balancear e deixar cair alguns pratinhos com presença e escolha autêntica; é preciso empatia, consigo e com os outros; e é preciso recomeçar quantas e tantas vezes forem necessárias no intuito de reajustar a rota. E, como já disse inúmeras vezes, é preciso que façamos isso juntas, para nos lembrar que estamos no caminho, mesmo quando a sensação é de retrocesso, estagnação ou quando não conseguimos nos perceber dentro deste processo.

Certa vez, conversando com uma paciente, ela chegou com o coração pesado, dizendo: "Não é possível, de novo, me vejo sempre caindo no mesmo lugar. Parece que não evoluo... Eu já sei o que me incomoda, mas sempre caio nesse ciclo. A sensação que eu tenho é que estou sempre retrocedendo".

Você também tem essa sensação, às vezes, de que está voltando para o mesmo lugar? Se sim, então, quero dizer que, embora essa sensação seja comum, você já deve ter percebido que não é verdadeira. Talvez ela fale mais da sua autoexigência de querer logo uma mudança substantiva e perene, talvez fale do perfeccionismo que não lhe permite errar ou reconsiderar, talvez seja apenas uma estratégia aprendida de autopunição. Mas, seja o que for, da mesma maneira como nunca voltamos para um mesmo rio, também nunca retrocedemos assim. O rio sempre está em transformação, seu fluxo muda, as pedras se reorganizam, a vegetação também. É o mesmo rio, mas não é. Sempre há um elemento novo, uma vida nova pulsando ali. Às vezes é uma mudança sutil, porém, se você tiver olhos para ver e estiver atenta, perceberá. Assim é conosco e com os nossos processos. Repetimos, sim, os padrões, mas sempre há algo novo a contemplar, sempre há uma função que merece ser reconhecida ali. Por isso, essa sensação volta: para que possamos aprender com ela, para que olhemos mais fundo. Essa é a função do recomeçar tantas e quantas vezes forem necessárias.

A vida não é um ciclo de cair em tentação e recomeçar interminável, uma penúria sem fim nesse esforço de não sucumbir aos padrões que vêm de fora. A vida é o processo, e a mágica do recomeçar (o R do C.A.B.E.R.) é que a cada reinício temos a oportunidade de estarmos mais conscientes, mais fortes e mais preparadas, com um olhar que alcança mais longe e mais profundamente dentro de nós, um olhar que vai amadurecendo e mudando de etapa na jornada da heroína.

Lembre-se: não voltamos nunca ao mesmo rio de antes, estamos vivendo as etapas da nossa jornada. Experimentamos saltos e galgamos degraus na nossa jornada, tornando esse recomeço um marco de crescimento e autoconhecimento. Em todas as novas paragens da caminhada vamos precisar de coragem, autoconhecimento autocompassivo e resiliência, bem como de espaços de alívio e paz que nos revigorem para seguirmos adiante, sempre em frente, cada vez mais perto de nós, cada vez mais quem somos, cada vez mais posicionadas a partir dos nossos valores. Essa é nossa jornada, mulher!

Quando minha paciente acessou essa compreensão, do ponto de vista emocional, foi um alívio para ela e uma expansão que trouxe leveza para olhar para os seus processos e para o seu momento. E, assim, ela pode construir novas estratégias de enfrentamento, quando se vê perto de repetir esses padrões ou da sensação de estar "voltando para o mesmo rio". Ela entendeu o que significa recomeçar e, desde então, tem recomeçado sempre que necessário, sem as falas punitivas e autocríticas, sem se culpar ou dizer que está caindo no mesmo lugar, mas entendendo os processos da vida, se acolhendo com autocompaixão, se refazendo, se reposicionando e seguindo em frente.

## Que caminho você escolhe?

Quando estamos exaustas, nos sentindo insuficientes e adoecidas, podemos seguir dois caminhos. Um é tortuoso, pois queremos continuar sendo Mulher-Maravilha e guerreiras, tarefeiras, equilibristas; continuamos tentando dar conta de tudo sem respeitar nossos limites, nossa necessidade de descanso, nossa integridade, nossa autoestima. Ignoramos todos os sinais de que algo está errado nessa receita e seguimos tentando nos encaixar na normose do sucesso. Resultado? *Burnout*, depressão, ansiedade e outras doenças psicossomáticas que podem aparecer e minar nossas forças e esperanças. Ficamos presas no que chamo de "roleta do hamster". Seus filhos certamente já pediram uma jaulinha de hamster para cuidar: o bichinho fica lá dentro da jaula correndo e correndo dentro da roleta até se exaurir, sem sair do lugar. Creio que a essa altura do livro já está bem claro que esse caminho não é interessante, não nos faz bem e adoece.

Do outro lado, está o caminho virtuoso do refazimento, a jornada do C.A.B.E.R., nos permitindo uma pausa para refletir, para sentir como estamos, onde estamos, o que queremos e se a trilha que seguimos está nos levando aonde queremos estar e chegar. Nesse espaço de pausa, paramos para questionar paradigmas e crenças que carregamos por muito tempo, mas que, pelo autoconhecimento e pela autocompaixão, descobrimos que não nos pertencem e não precisamos mais aceitá-los como verdades. É a hora de parar, interromper o frenesi da vida automática, ficar presentes em nós mesmas e ouvir o que nossa voz mais íntima e profunda quer nos contar. A partir desse estado de consciência e de reconhecimento das nossas emoções, é possível fazer escolhas (e renúncias) importantes e ajustar a rota da vida. Isso é o que chamo de *caminho do recomeço*.

Ao longo da nossa jornada, vivemos inúmeros recomeços. E, quanto mais reconhecemos isso como um fluir natural da vida, com mais leveza lidaremos com os movimentos de mudanças interior e exterior, desejadas e indesejadas, pois são naturais da existência. Essa perspectiva é fundamental para desenvolver nossa resiliência. Aliás, o R também é de *resiliência*, porque recomeçar e resiliência são palavras que se somam de forma muito profunda no contexto do que tento abordar nesta leitura. É preciso resiliência para cair, levantar e tentar de novo. É preciso se permitir...

Por isso, permita-se o recomeço sempre que sentir que precisa ajustar a rota, não como um símbolo de fracasso, mas sim como um exemplo de coragem e resiliência de alguém que está vivendo a vida com a ousadia necessária para sentir de verdade e desafiar a normose!

## Os pontos de inflexão

Recomeços acontecem o tempo todo na vida prática, no dia a dia, quando, por exemplo, mudamos de casa, de emprego, temos filhos, nos relacionamos. Estão presentes na hora de renunciar a velhos hábitos, terminar ou iniciar um relacionamento e até mesmo pedir perdão a alguém, permitindo que a relação tenha a chance de renascer. Porém, em várias ocasiões, os recomeços são mais disruptivos, provocando grandes mudanças, sejam elas impulsionadas por fatores externos ou por um "Basta!" que nasce dentro de você. No caminho do recomeço, dentro do C.A.B.E.R., vamos chamar esses momentos de "pontos de inflexão".

Passamos por pontos de inflexão algumas vezes ao longo da vida. Todas nós. É um processo cíclico: você está seguindo seu caminho e em algum ponto se sente perdida ou algo novo acontece e vira tudo de pernas para o ar. Você sente que a estrada em que está não a levará aonde quer chegar, que muita coisa nela desagrada, traz tristeza e desânimo. Então, você faz uma pausa, respira e percebe que existem outras trilhas disponíveis, que há alternativas para mudar a rota e traçar novas metas se quiser. Digamos que você, corajosamente, decida mudar de rumo. Nesse momento, abre a mochila e tira dela algumas coisas que não quer mais levar consigo e coloca dentro dela outras coisas que lhe serão úteis no próximo trecho da jornada.

Os pontos de inflexão podem acontecer por uma escolha sua, interna, mas também podem acontecer por acidentes ou motivos externos a você e que fogem do seu controle ou desejo. Às vezes, é uma surpresa boa que a vida traz, uma mudança de rota surpreendente e entusiasmante; às vezes, é uma tragédia ou surpresa dolorosa que tira o chão; às vezes, é só a vida acontecendo em sua natural impermanência. Seja como for, você vai precisar se deparar com eles e fazer escolhas. Pode se paralisar diante do novo ou se dar um tempo, respirar, se reestabelecer e atravessar o novo momento.

A cada ponto de inflexão da sua história, você segue para uma direção diferente, mas traz sempre consigo todas as experiências, os aprendizados, os sonhos e os repertórios. Nem mesmo quando precisa dar alguns passos atrás para caminhar melhor, você está retrocedendo. Está ajustando a rota, tomando perspectiva para seguir em frente. Mais adiante, em algum momento, com certeza você encontrará outros pontos de inflexão e tomará novas decisões.

Se você está, como eu, comprometida em viver uma vida que caiba na sua vida, se verá nesse momento refletindo sobre as seguintes perguntas: o que eu preciso "deixar ir" para "deixar vir" o futuro que eu desejo? Que solturas e desapegos preciso fazer (às vezes são dolorosos, às vezes são de coisas que nos são caras) para que eu possa seguir em direção ao que o futuro convoca?

Quando encaramos essa pergunta com coragem, nossos pontos de inflexão são recomeços marcantes. Deixamos vícios, mudamos de hábitos, quebramos paradigmas, trocamos de carreira, saímos de relações que deixaram de fazer sentido. Vamos desconstruindo e reconstruindo coisas dentro de nós, almejando, mesmo que inconscientemente, estarmos cada vez mais próximas de quem somos; chamamos isso de fazer o caminho do C.A.B.E.R. na verdadeira jornada da heroína.

Sim! Sei que parece um pouco filosófica ou abstrata demais essa conversa, mas uma coisa que sempre digo para os meus mentorados e pacientes é que nossa jornada de crescimento é sempre para dentro. Não é sobre nos tornarmos o que não somos; é sobre nos tornarmos cada vez mais quem somos e nos apropriarmos da grandeza que há nisso. Ao fazermos esse movimento, os recomeços são como as mudanças de pele que alguns animais vivem, um processo que as árvores vivem para darem conta da próxima estação, mantendo aquilo que lhes é essencial e jogando fora o que já não faz mais sentido.

Se você se permitir esse movimento, a partir de tal perspectiva, já lhe garanto que seguirá construindo sua jornada, às vezes acertando, às vezes aprendendo com os tropeços. Você vai seguir errando e acertando. Mas vai tirar o peso do autojulgamento, do perfeccionismo e da rigidez para acolher e aprender com o que há, com curiosidade e abertura para a vida e para o que está por vir.

Recomeços são fruto de aprendizados colhidos nas experiências que ousamos viver. É preciso ter coragem para testar, experimentar e correr riscos. Recomeços podem vir também depois de erros e “burradas” que cometemos (quem nunca?); contudo, são a escolha generosa de quem se põe na vida com coragem e como aprendiz, e que escolhe não sucumbir ao erro, mas sim aprender com ele e seguir. Quando escolhemos recomeçar, estamos escolhendo a vida. Estamos escolhendo “esperançar”. Sim, trago a esperança como um verbo, porque ela é a prática do não se deixar sucumbir e a escolha ativa de seguir acreditando em si e na vida. É uma decisão deliberada de não parar o filme na hora que a tragédia acontece, mas sim aguentar firme (olhe a resiliência aqui!) para ver e viver o jogo virar. Se nos permitirmos recomeçar quantas vezes forem necessárias e aprendermos com nossos erros, não deixaremos que os fracassos nos definam, nós os atravessaremos com coragem.

## Às vezes eu acerto, às vezes eu aprendo!

Para fazer a vida C.A.B.E.R. na vida, devemos ressignificar a palavra “erro”, dando ênfase a sua conotação de “aprendizado”. Às vezes você acerta, às vezes você aprende. Quando você se autoriza a errar, está na verdade se permitindo evoluir, ampliando seu repertório, amadurecendo. É um processo de tomada de consciência que faz a gente se apropriar, se autorresponsabilizar e abrir espaço para um movimento novo, sem se perder em culpas, sem se martirizar na vergonha. Esses momentos são também boas oportunidades de abraçarmos nossa vulnerabilidade e nos permitir ser humanas.

Sei que é difícil não sentir culpa quando pisamos na bola. A gente automaticamente se sente péssima, se olha no espelho e pode sentir vergonha ou raiva de si mesma (afinal, fomos muito bem forjadas nessa dinâmica da normose). Mas eu quero trazer um outro olhar e ajudar a distinguir qual culpa você está sentindo. Tem uma culpa que é funcional e saudável. Ela é o clique que denuncia "Hum, não foi legal o que fiz, não foi legal o que aconteceu". Esse dar-se conta é importante e vem para nos dar a oportunidade de mudar a rota, retomar, redirecionar e fazer o que precisa ser feito. Ele gera arrependimento que, quando bem colocado, nos depara com a possibilidade de reparar o dano, de mudar de rota, de pensar o que podemos fazer diferente e melhor da próxima vez. E pronto, para aí. Sem ruminar, sem se autoflagelar. Quando a culpa é vivida desse lugar emocional, é uma emoção importante que se alia ao recomeçar.

Mas, quando essa denúncia da culpa vira uma acusação, em vez dela nos conectar com a nossa capacidade de reparar e de fazer diferente, ela nos oprime. Vira ruminação e nos direciona para a autopunição e para a vergonha. E a vergonha é um sentimento doloroso e danoso, que atinge o físico, inclusive, e tira de nós a capacidade de confiarmos que podemos fazer diferente, de que temos valor e de que somos dignos. Ela nos afoga no ressentimento e ficamos em *looping*, vivendo e revivendo a situação na nossa cabeça, nos afogando nela. Quando a culpa vai para esse lugar, não tem qualquer função reparadora ou saudável. Muito pelo contrário. A única função que tem é nos punir e manter a punição *ad eternum*, em um ciclo que nos enfraquece e nos faz pensar o pior de nós, drenando nossa autoconfiança e nosso amor-próprio.

Então preste atenção: quando você se sentir culpada a partir de agora, cuide de si e observe que ciclo você vai escolher: o ciclo virtuoso, que lhe permite aprender e reparar, sem ficar remoendo e se punindo – que faz você olhar para frente; ou o ciclo vicioso, que a empurra para a vergonha, alimenta sua voz crítica e lhe tira possibilidade de se ver valorosa e acreditar em você.

Venho aprendendo, na minha própria vida e na vida das pessoas que acompanho em psicoterapia e mentorias, que a culpa, quando vivida a partir do ciclo vicioso, não resolve o problema; ao contrário, ela nos adoece, paralisa e mina o que há de melhor em nós, tirando a força que precisamos para recomeçar.

Está tudo bem que você passe pelo estágio de autocrítica e reconheça que não foi a melhor escolha ou que não foi legal o que aconteceu, que você errou. Aliás, isso é importante e é fruto da sua adultez e autorresponsabilidade. Mas é importante que esse estágio impulsione você para uma nova ação reparadora e breve. É fundamental que você esteja atenta para não fazer morada no lugar de autoflagelo. Só erra quem testa, quem se arrisca, quem tem coragem de experimentar. Passada a frustração momentânea, é preciso entender o que não deu certo e, com alívio no coração, dizer: “Eu posso fazer diferente, pois, se continuo aprendendo (testando, experimentando) em breve vou acertar!”. Esses são o recomeçar e a resiliência sobre a qual estamos falando. Esse é o exercício que a culpa funcional nos permite, na presença do C e do A do nosso C.A.B.E.R. como jornada.

O movimento de errar, aprender e tentar de outro jeito induz a recomeços, faz parte da experiência do viver. Realizamos microrrecomeços o tempo todo, mesmo sem perceber. Por exemplo, quando tentamos fazer um bolo e sai tudo errado porque esquecemos o fermento. Em uma próxima vez, faremos melhor! Também praticamos um recomeço quando dizemos algo que saiu da boca irrefletidamente e somos capazes de pedir desculpas; ou quando arriscamos experimentar algo novo e vamos tateando, sentindo, expandindo por caminhos inexplorados dentro e fora de nós. Recomeços são processos naturais e necessários do nosso caminhar e nos conciliarmos com isso traz alívio e calma.

Para mim, por exemplo, depois que me separei, foi difícil me relacionar novamente. Foi difícil voltar a acreditar que seria possível ter uma relação, saudável e leve, na qual eu pudesse ser quem eu sou e que o outro também pudesse ser ele. Passei anos sem conseguir recomeçar, me curando aos poucos. Até vivi relações com pessoas legais, mas eram inviáveis e sabia desde o início que queriam coisas diferentes de mim, ou com quem eu tinha incompatibilidades inegociáveis. Mas eu, mesmo sabendo disso, alimentava meu autoengano, com medo, ainda ferida, com crenças movidas pela dor de que "era assim mesmo", de que "o problema era eu", de que "eu era muito isso ou aquilo" ou de que "o que eu buscava não existia", de que "era melhor eu me conformar". E ia levando...

Essas falas, no fundo, nunca me conformaram de fato. Eram defensivas, de quem ainda tinha muitas feridas e medo de repetir ou reeditar as dores já vividas. Precisei de muita coragem, de um mergulho profundo em autoconhecimento e de muita, mas muita, empatia para me deixar transformar, para perdoar, para soltar a dor e me curar. Precisei do colo de muita gente, pessoas amadas que tiveram paciência comigo e me cuidaram com a empatia que eu, mesmo sem pedir, tanto precisava. Também tive minha fé para me trazer esperança e amigos de fé que atravessaram essa jornada comigo.

Foi um processo de quase 10 anos para que eu pudesse realmente me abrir para algo novo, soltar as feridas do passado e me perdoar pelo que fui capaz e pelo que não fui capaz de fazer pela Thirza daquela época. Foi um processo lento me curar da sensação de não merecimento e desamor. Foram tantas camadas que visitei em mim e nas relações pelas quais passei, tantas trocas de pele para que eu realmente pudesse deixar um novo e saudável amor chegar. E não é que ele chegou? Quando eu menos esperava, quando eu estava bem feliz e em paz comigo e com os outros, quando eu já tinha arrumado a casa de dentro (a minha alma), alguém bateu à minha porta e eu resolvi abrir. O amor veio devagarinho, entrando novamente na minha vida. No início ainda com um pouco de medo e ressabiada, mas também com vontade e coragem, fui me soltando e me permitindo... Eu realmente me vi recomeçar nessa esfera da vida.

Lembro-me de compartilhar com as minhas amigas: "Nossa, com ele é diferente, com ele eu consigo compartilhar a minha alma!". Fazia anos e anos que isso não acontecia. Tinha um espaço meu que ninguém conseguia tocar, que, sem me dar conta, eu não permitia. Mas, quando ele chegou, em uma conversa leve e suave em um pôr do Sol, me vi abrir, sem esforço e sem esperar, esse espaço e foi como um suspiro de vida. Desde então, como tem sido boa essa redescoberta, como tem sido bom me sentir abrindo e arejando esse local tão especial da vida com outro alguém novamente. Tem desafios? Claro que sim. Mas o processo de descoberta e de refazimento valem a pena quando o C.A.B.E.R. é coerente com nossa busca e verdade.

Seja qual for o seu processo de cura, desejo que não demore tanto assim para você! Para mim, nesse domínio da vida, foram 10 anos. Desejo que para você esse tempo se encurte. Por isso, inclusive, escrevo este livro: para que você desperte e descubra que existe um caminho mais fácil que já foi percorrido por outra pessoa para aprender, se libertar, se perdoar e recomeçar com mais leveza e autocompaixão, aprendendo com a experiência dos outros e se relembrando de que é possível! É mais fácil do que parece quando está doendo.

## Desapegue

Se recomeçar é tão natural e necessário, por que é tão difícil fechar ciclos e ajustar a bússola? Por que deixamos a luz da nossa lamparina apagar?

A resposta pode estar na natureza instintiva do ser humano, que o leva a buscar o conforto e a segurança do que já conhece.

Essa é uma lei sistêmica. Os sistemas querem permanecer e se perpetuar. Um sistema só muda quando percebe que é a única maneira de continuar existindo. Então, mesmo que esteja disfuncional, a tendência é permanecer. É mais fácil repetir padrões herdados ou aprendidos e viver no automático do que confrontar os moldes e protagonizar mudanças. Assim, mesmo que tenhamos desconfortos e dores particulares, muitas vezes escolhemos aceitá-los como normais e conviver com eles resignadamente, evitando o desconforto da luta, da disciplina e da força de vontade que as mudanças exigem. O medo de enfrentar críticas, de errar e ser julgado, nos mantém nesse ciclo. Mesmo sentindo que não está bom, seguimos em frente, capengas, quebradiças, sem inteireza. Quem de nós nunca fez isso?

Um dos vilões desse comportamento é o apego, termo usado na Psicologia para descrever um vínculo emocional intenso com alguém ou algo. A teoria do psicanalista John Bowlby sobre o apego pode nos ajudar a compreender um pouco dessa resistência à mudança na vida adulta (aliás, sugiro a leitura do trabalho dele). Trazendo de um jeito bem simples e resumido, ele identificou as quatro principais formas de apego: seguro, ansioso-ambivalente, evitativo e desorganizado. O apego seguro, caracterizado por confiança nos cuidadores, permite que a criança explore o mundo com segurança. Por outro lado, os apegos ansioso-ambivalente, evitativo e desorganizado refletem inseguranças e padrões disfuncionais que podem persistir na idade adulta, influenciando nossos comportamentos e nossas escolhas, nos mantendo em uma espiral ambivalente e adoecedora.

Além dos vínculos com pessoas e objetos, também podemos desenvolver um apego a ideias, crenças e certezas. Esse tipo está ligado à nossa identidade e à forma como vemos o mundo. Quando nos apegamos a verdades e certezas, podemos resistir a informações ou experiências que desafiem crenças, mesmo que sejam baseadas em evidências sólidas. Esse apego pode nos impedir de crescer e nos desenvolver, pois ficamos presas a uma visão limitada e enviesada da realidade.

É importante reconhecermos nossos apegos e estarmos abertas a questionar verdades e vínculos emocionais. Por isso, é tão importante a coragem para se permitir ver e o autoconhecimento autocompassivo. O C e o AA são os elementos que precisamos para nos permitir o enfrentamento.

Isso não significa dizer que devemos ou que precisamos abandonar completamente nossas crenças, mas sim que precisamos estar dispostas a vê-las, reconhecê-las para, então, avaliá-las de forma consciente e honesta e estar abertos a novas informações e perspectivas. Essa abertura pode nos ajudar a crescer, aprender e nos adaptar melhor às mudanças da vida. Além disso, desapegar é deixar ir o que não serve mais para deixar entrar o novo em nossas vidas.

Que tal um exercício? Pare um pouco a leitura e se conecte com você. Pense um pouquinho: a partir do que temos compartilhado até aqui, do que esta leitura tem despertado, o que você precisa deixar ir na sua vida para deixar vir o futuro que você deseja?

Deixe ecoar essa pergunta na sua cabeça e fluir as respostas sem filtros ou julgamentos. Se você puder, registre-as! Escreva para que você possa ler e voltar para elas em tempo oportuno. É muito corajoso e importante que você se permita viver a vida com essa pergunta sempre em mente. Em um mundo normótico, onde o cansaço é regra, se permitir soltar e deixar ir é um ato de profunda coragem. É um ato de redirecionar a rota, quando sentimos que estamos nos perdendo nas demandas dos outros, soltar demandas e apegos e voltar para casa, para o seu centro.

## De volta ao princípio: aprendendo a adultecer

Do mesmo modo que acontece com o apego, ignorar todos os sinais que vêm de dentro e as evidências da vida não vai fazer com que os problemas desapareçam. Eles tendem a crescer e se tornarem crônicos e impiedosos. Por isso, se você se identificou com alguns traços desse comportamento normótico, eu convido você a retomar a sua coragem e abraçar seu amigo desconforto.

Quando você se sentir incomodada, indignada, frustrada, aproveite essa energia desconfortável para fazer um movimento de mudança. Aproveite para dar seu basta. Aproveite o impulso para fazer uma pausa no ritmo automático da sua vida e buscar se reconectar com o princípio que mora dentro de você (olhe novamente a pergunta "o que você precisa deixar ir para deixar vir?" ecoando aqui!).

Comece resgatando seu porquê, sua identidade, aquilo que traz sentido à sua existência. Relembre o que você quer e o que a motiva e alegra o seu coração. Retome seus valores centrais, pois são sua lamparina na escuridão e lhe darão a luz suficiente e a coragem necessária para seu próximo passo. Então, passe sua vida pelo filtro de seus valores, e eles lhe apontarão claramente o que faz sentido manter e o que é preciso mudar, permitindo que você configure com mais confiança seu recomeço. Esse é um bom ponto de partida para ajustar sua rota em um balancear em direção a uma vida sustentável e íntegra.

Isso é ser adulta! É deixar de ser refém das escolhas erradas, é deixar de se vitimizar e aprender a se responsabilizar pelas suas escolhas e pela sua capacidade de reparar e de fazer diferente, no aqui e agora.

A ideia de recomeçar quantas vezes forem necessárias reside em se dar a chance de adultecer. Exige escolher amadurecer emocionalmente nesse enfrentamento das histórias que nos contamos. Muitas vezes ficamos nos contando as mesmas velhas histórias de sempre e, quando caímos, nos sentimos frágeis e vulneráveis. É natural voltarmos ao velho conhecido e também é natural termos a sensação de que regredimos. Mas, como já falamos, isso é apenas uma sensação e uma ilusão. Se ficamos presas a essa ideia, nos apequenamos e, no que diz respeito ao aspecto psíquico, nos infantilizamos, isto é: colocamos a criança que mora em nós à frente no sentir e na tomada de decisão.

Adultecer é fortalecer a adulta que somos, sem esperar ser salva, sem esperar a tutela de outra pessoa, sem nos vitimizarmos ou nos colocarmos na posição de reféns. É nos conectarmos com a nossa identidade (natureza selvagem que habita em nós). É sermos capazes de nos responsabilizarmos pelos nossos tropeços, pelas nossas quedas. É deixar de culpar o mundo, os outros, e assumirmos a responsabilidade pelas nossas escolhas. E isso é poderoso!

Ser adulto é reconhecer que vamos cair, que vai doer e que, quando isso acontecer, não vamos ficar no chão. Vamos agir a partir da esperança, da conexão com nossos valores, e acreditar que somos capazes de um desfecho novo. Vamos buscar ajuda, atravessar a dor e viver o processo de reconstrução e sair do outro lado. Ser adulto é acreditar nisso e agir a partir desse olhar para nosso refazimento contínuo, que é o próprio recomeçar e a própria experiência do viver no reconhecimento da nossa impermanência. É o exercício continuado de fazer a nossa vida C.A.B.E.R. em nossa vida e sermos, cada vez mais, quem somos nessa jornada de construção constante.

Gosto muito de um trecho de uma crônica intitulada "O medo: o maior gigante da alma", mais conhecida como "É tempo de travessia" que, costumeiramente, é atribuída a Fernando Pessoa, mas que na verdade é de Fernando Teixeira de Andrade. Ela reflete bem isso e diz assim:

> *"Há um tempo em que é preciso abandonar as roupas usadas, que já tem a forma do nosso corpo, e esquecer os nossos caminhos, que nos levam sempre aos mesmos lugares. É o tempo da travessia: e, se não ousarmos fazê-la, teremos ficado, para sempre, à margem de nós mesmos."*

E se não funcionar? Não tem problema! Você pode recomeçar tantas e quantas vezes forem necessárias, lembra? Todas as vezes que você se perceber desconectada de si mesma e dos outros, todas as vezes que se perceber retomando a normose, o cansaço, o perfeccionismo, pode dar a volta e recomeçar. Convido você a sentir esse alívio, pois, para mim, é uma libertação maravilhosa e diária!

Quer dizer que você é valiosa do jeitinho que você é? Sim!

Quer dizer, então, que não precisa ser punida depois de um erro? Exatamente!

Quer dizer então que não precisa se sentir mal e culpada? Super sim!

Quer dizer então que pode errar e que isso não é o fim do mundo, nem precisa definir quem você é? Sim!

Porém, não confunda a permissão para errar, que é uma prerrogativa de sua humanidade, com a ausência de autorresponsabilidade. Como adulta, você precisa assumir a responsabilidade por seus atos e suas escolhas, mas não deixe que ninguém diga que você não merece ser feliz porque errou! Não acredite nisso! E jamais fique à margem de si mesma! Se tem algo sobre o qual vale a pena lutar e se fazer e refazer mil e uma vezes é a sua autenticidade. Nunca abra mão disso!

Se cair, levante-se, aprenda com seu erro, tente de um outro jeito e siga seu caminho, sempre balizada por seus valores. Recomece e recomece de novo. Enxergue seus padrões e se liberte de tudo que não faz sentido, pois, se você não pode mudar o passado, pode se apropriar da sua história, acolhê-la e escolher um desfecho novo: mais corajoso, mais cheio de autoconhecimento autocompassivo, mais balanceado e autêntico, mais empático e feliz! Vamos tentar?

## Momento prático

Que tal escrever agora coisas que você está disposta a recomeçar?

Faça uma pequena lista. Desde coisas pequenas, pequenos hábitos do seu dia a dia (ler um livro até o final, acordar um pouco mais cedo, dormir um pouco mais cedo, comprar menos coisas) até recomeços mais profundos (pedir desculpas a alguém, se reconciliar com outro ou consigo mesma ou até romper com algum padrão que tem aprisionado você há anos). Não importa o calibre do seu recomeçar e da sua lista. O que importa é que você comece e coloque em prática com intenção. Vamos lá?

# Capítulo 9
# O manifesto da transformação

> *"Eu não sei tudo, nem tenho que saber tudo, nem tenho que vencer tudo, nem tenho que ser escolhida para tudo, nem tenho que estar presente em tudo. Eu tenho que seguir o meu caminho conforme as minhas questões e as minhas respostas."*
> *(Grada Kilomba, durante sua participação no programa* Roda Viva, *da TV Cultura)*

Chego ao final destas páginas de diálogos abertos – e nem sempre fáceis – com você, convidando-a a abraçar comigo essa fala tão contundente, clara e direta da Grada Kilomba. Essa é a culminância da jornada do C.A.B.E.R. e todo este livro vem sendo um convite ao resgate da sua humanidade, um chamado à escolha pela libertação que encontramos nos caminhos do autoconhecimento e da autocompaixão. Todas nós merecemos a liberdade de sermos humanas e abraçarmos nossa vulnerabilidade e merecemos viver uma vida que nos faça sentido, sem precisarmos nos esgotar para isso. Lembre-se de que o merecimento não vem do reconhecimento alheio, mas sim de nosso posicionamento contínuo, do seu olhar amoroso sobre si mesma, construído e fortalecido no C.A.B.E.R. como jornada.

Sabemos que vivemos em um mundo normótico, que nos exige perfeição e alto desempenho constantes, mas podemos e precisamos, pela nossa saúde e pela saúde de quem caminha conosco, e das mulheres e das pessoas que virão depois de nós, não sucumbir. Precisamos escolher outro caminho. O *nosso* caminho. Podemos (e precisamos!) escolher a autenticidade, a integridade e a liberdade. Podemos criar uma vida que realmente caiba em nossas vidas, respeitando nossas individualidades e necessidades a cada momento.

Não precisamos e nem devemos equilibrar todas as coisas ao mesmo tempo. Podemos, sim, ser intensas e presentes em cada momento, elegendo nossas prioridades a partir dos nossos valores e assim balancear energia e escolhas em cada fase, sem culpa ou pendências, nos permitindo descansar e ter tempo para nosso autocuidado. E precisamos fazer isso juntas, porque juntas encontramos nossas forças, juntas nos lembramos de quem somos, juntas nos nutrimos e apoiamos umas as outras; legitimamos umas as outras, somos comunidade de apoio e de reconhecimento. Juntas, em coro, temos a chance de fazer nossa voz ser ouvida e, assim, aos poucos, ir transformando essa lógica relacional tão dura do patriarcado, da sociedade do cansaço e da normose em que vivemos. Juntas podemos e precisamos problematizar essa normose para construir, diariamente e de forma consciente, uma vida que faça sentido, sem precisar nos esgotar para isso.

Sim, nós podemos reconhecer e acolher nossos limites e balancear nossas jornadas, a partir de nossas próprias escolhas. E precisamos fazer isso juntas para garantir que aquelas, que têm suas vozes mais silenciadas, também sejam ouvidas e reconhecidas. Para que este movimento não seja apenas de algumas de nós, das mais privilegiadas, mas que se estenda a todas nós. Sei que parece ainda utopia. Mas, se tivermos isso em mente e agirmos gradativamente nesta direção de forma comprometida com o C.A.B.E.R. e umas com as outras, acredito que conseguiremos ser vetores dessa transformação. E esse é um ato maravilhoso de posicionamento! Viver de acordo com as premissas deste livro é um ato de coragem contracultural, um comprometimento diário com uma nova forma de existir, uma aventura em direção à nossa integridade – por cada uma de nós e por todas nós.

Com compromisso e leveza, podemos navegar por essa nova forma de viver! A leveza não é sinal de superficialidade, mas sim da capacidade de lidar com a vida sem o peso da perfeição. É um alívio e um respiro para caminhar com sentido e sustentabilidade. É olhar para os desafios com um coração aberto e uma mente flexível de aprendiz. A leveza nos dá asas para voar acima das expectativas e dos julgamentos alheios, encontrando nossa própria rota, nosso próprio ritmo, nossa própria maneira de dançar a vida que queremos para que ela possa C.A.B.E.R. na vida que temos.

Mas por onde começar? Comece se dando permissão.

Permissão para refletir sobre tudo que você leu aqui e sentir como ecoa em você. Permissão para se cuidar e se priorizar, para descobrir o que realmente enche seu tanque afetivo, para não mais precisar andar pela vida em busca de aprovação e reconhecimento vindos sempre de fora. Permissão para escolher cada vez mais ser quem você é, de dentro para fora, sem máscaras, sem artifícios, sem culpa, sem vergonha.

Permissão para descansar, dizer "não", se priorizar e se libertar da opressão das multitarefas incessantes e da autocobrança desmedida. Permissão para dizer "basta!" para a Mulher-Maravilha, a tarefeira, a equilibrista e para todas as pessoas que queiram lhe imputar esses papéis. Permissão para ser a heroína da sua própria história e para deixar de ser também. Permissão para ser a autora do seu futuro e escolher um novo final. Permissão para colocar em prática todos os dias a jornada do C.A.B.E.R.

Esse é o ato mais revolucionário de todos.

> Permissão para dar a si mesma a autorização para ocupar seu lugar, escutar sua voz, para caminhar o seu caminho, passo a passo, sem tanta pressão. Quando você se permite, algo belo acontece: você vive plenamente!

> *[...] Não pela metade. Não três quartos. Não um dia, abundância; no outro, penúria. Mas viver plenamente cada dia. Não de acordo com a capacidade do outro. Mas de acordo com a sua própria capacidade, predestinada, de livre-arbítrio, que dá a vida, não que entorpece a vida. (Pinkolas Estés, 2007, p. 12-13).*

E essa permissão é benção não apenas para você, mas para todos aqueles que caminham ao seu lado! Estés também diz, no mesmo livro:

> *"Quando uma pessoa vive de verdade, todos os outros também vivem. E esse é o principal imperativo da mulher sábia. Viver para que outros também se inspirem. Viver do nosso próprio jeito vibrante para que outros aprendam conosco." (p. 14).*

Entendeu? Não é se desapropriando de si que você vai conseguir pertencer e aplacar a exaustão e a culpa ou que você vai conseguir pertencer. É justamente o contrário! Quando você se permite ser cada vez mais quem você é e se vê mais leve, inconscientemente, permite aos outros fazerem o mesmo. E aí, todos ganham e a sensação de pertencimento se torna mais real.

Aprendemos a julgar menos, a nós mesmas e aos outros, respeitando a história de cada pessoa, reconhecendo nela a humanidade que queremos ver reconhecida em nós. Esse sim é o exercício da empatia e a experiência da humanidade compartilhada que permite a conexão e o amor.

Quando tiramos as vendas dos nossos próprios olhos nessa jornada intensa de autodescoberta, podemos fazer algo extremamente corajoso: nos amar não pelos nossos feitos, mas simplesmente por sermos quem somos e podermos olhar para as pessoas ao nosso redor com esse mesmo amor e sem julgamento, nos livrando de preconceitos. É desse lugar, sem busca pelo alto desempenho constante, sem as métricas das redes sociais, sem a comparação exacerbada, sem a busca pela perfeição, com menos medo e mais aceitação, que podemos respirar e construir uma egrégora de calma e mais tranquilidade. É desse lugar que conseguimos realmente nos conectar com quem somos e com os outros como são. E assim experimentar a força que pode gerar essa transformação que queremos viver. Uma transformação em prol da saúde e do bem-estar de todos nós, uma transformação em prol de um novo ritmo e um novo balanço.

E, nesse balanço, quando bem nos convier, temos o direito e o dever de recomeçar quantas vezes forem necessárias. Recomeçar sem culpa e sem apegos. Recomeçar com coragem, de cabeça erguida ou timidamente, é o presente que damos a nós mesmas. Cada recomeço é uma chance de ajustar a rota, de corrigir o curso, de realinhar nossos passos com nossos valores e sonhos. Recomeçar é um ato de amor-próprio, de resiliência, de determinação. Não há vergonha em recomeçar, há sabedoria. Cada recomeço nos faz mais fortes, mais sábias e mais conectadas com nossa essência; nos lembra de que, se não desistirmos de nós, estamos em pleno caminho.

É isso que a sociedade lhe diz e para que a convida? Não, não é. Por isso, desde o início tenho dito que este livro é um convite contracultural e que vai exigir de você coragem. Coragem de correr o risco, coragem de se expor, coragem de abrir mão de padrões condicionantes para viver uma vida com sentido. Um risco calculado para uma recompensa revigorante: fazer da sua vida a vida que faz sentido para você, a vida que você deseja que caiba na sua vida! Você consegue, confie! Eu confio em você e confio na transformação que podemos fazer (e já estamos fazendo) juntas!

Para concretizar essa jornada, quero me despedir de você trazendo um manifesto. Um manifesto é um documento ou declaração pública que expressa uma visão, ideias, intenções ou posicionamentos de um indivíduo, grupo ou organização. Ele serve como um **chamado à ação**, uma **declaração de princípios** ou uma **convocação para mudança** em relação a uma causa ou movimento. Por isso, escolho terminar estas páginas com um. Ele será nosso **Manifesto da Transformação**. Um manifesto que reconhece a escolha que você está fazendo e que demonstra a importância e o compromisso dela, com a certeza de que não é apenas sua, mas nossa.

Acredito profundamente no poder da palavra e, mais ainda, no ato gerador e transformador que ela tem quando proferida em voz alta e com intenção genuína. Então, se o que você leu fez sentido e ecoou no seu coração como ecoa no meu, respire fundo e leia em alto e bom tom essas palavras:

*Eu, (seu nome), reconheço que a vida, como me foi forjada, tem sido uma corrida sem sentido, uma busca incessante por um equilíbrio ilusório e um sucesso que nunca se pode alcançar e saciar. Eu reconheço a sobrecarga e a exaustão. Por isso, hoje tenho coragem de olhar para essa normose e dizer "Basta!". Não sei tudo, nem preciso vencer tudo sempre. Sou suficiente e digna de ser amada e respeitada como sou. E, a partir desse lugar de suficiência, escolho me colocar na vida como aprendiz e ir em busca, com coragem, daquilo que me faz sentido, por mim e por aqueles a quem eu amo.*

*Não preciso ser aceita por todos nem agradar a todos. Não vou mais negociar o meu valor e a minha verdade em busca dessa pseudoaceitação que só me exaure. Sou inteira e íntegra e mereço sonhar, realizar e descansar. Sou perfeitamente imperfeita e está tudo bem assim! Tenho limites que devem ser respeitados por mim e pelos outros. E hoje eu me sinto com coragem para colocar e sustentar esses limites.*

*Eu escolho o meu caminho conforme minhas questões e minhas respostas em cada momento, de acordo com meus valores. E recomeçarei quantas vezes forem necessárias, me fortalecendo e me amando em toda a minha humanidade, sempre que precisar recalcular a rota. Serei ombro e suporte para mim e para as mulheres que, como eu, querem seguir seu próprio caminho. E farei isso na presença das pessoas que me amam e que eu também amo.*

*Serei empática e receberei de bom grado a empatia e o cuidado, não porque "não dou conta", mas porque sou digna e merecedora de cuidado e respeito. Estou aprendendo a reconhecer meu cansaço e o que preciso fazer para descansar. Estou, cada dia mais, respeitando meus tempos e anseios e pedindo ajuda sem exitar.*

*Tenho compaixão comigo e com quem caminha ao meu lado. Sou e seguirei sendo apoio para mim mesma, falando comigo com carinho quando eu tropeçar ou falhar, e também sou e serei apoio para outras mulheres, para que juntas possamos viver em segurança e possamos sonhar e realizar nossos sonhos.*

*Eu faço minha vida C.A.B.E.R. na vida, com pausas, com descanso, me permitindo repor minha energia e, acima de tudo, com a sensação respeitosa de que estou cuidando de mim enquanto cuido do que me é importante, no balancear da vida, tendo clareza dos meus negociáveis e inegociáveis e o faço a partir do amor e não da dor.*

*Eu abro mão da Mulher-Maravilha e de todos os seus escudos, abro mão da tarefeira e da equilibrista e escolho não mais utilizá-las como barganha de afeto nem como balizadoras do meu merecimento de amor. Escolho cuidar de mim e colocar limites que respeitem a mim e aos outros, para ter tempo de qualidade comigo e com os outros e assim fazer a "jornada da heroína", me tornando cada vez mais quem sou e me amando enquanto caminho.*

*Eu sou suficiente, sou capaz e me posiciono a partir da minha identidade, dos meus valores e do que desejo. E, ao ser assim e fazer essas escolhas, eu inspiro outras mulheres a fazerem o mesmo.*

Esse é o nosso manifesto, nossa declaração frente à sociedade do cansaço, do espetáculo e dos falsos paradigmas que nos foram impostos pela normose. Juntas, podemos ser umas pelas outras e somos fortes. Juntas, podemos transformar nossas vidas e o mundo ao nosso redor!

Que o manifesto seja para você mais um componente da sua lamparina. Já a usei aqui como metáfora para falar da importância dos valores e daquilo que é inegociável na sua vida e para falar da chama que você traz como guia, quando se permite olhar para dentro de si. Agora, quero ancorar nosso manifesto nessa mesma simbologia, para que você tenha sempre um lugar de luz para onde voltar, se por acaso se perder. Também, porque lhe disse que essa jornada não é só sobre melhorar a nossa vida pessoalmente, mas sim para que sejamos luz e apoio umas para as outras; e, por último, porque logo na introdução eu falei que minha intenção é que este livro seja um livro-colo para você, e colo tem a ver com acolhimento e aconchego, assim como a luz da lamparina, guiando você para uma vida mais plena, mais autêntica e significativa.

Que você tenha a coragem de viver de acordo com suas próprias premissas, desafiando as normas e abraçando a sua verdade sem mais se escravizar e sem mais permitir que te escravizem. E que, em cada recomeço, você se sinta mais livre, mais forte e mais conectada com quem você realmente é. Vamos juntas transformar o mundo, uma vida de cada vez, a começar pela nossa.

E como tenho falado da importância de fazermos isso juntas, quero desafiar você a dar mais dois passos: primeiro, leia em voz alta este manifesto pelo menos uma vez logo pela manhã, por 21 dias, e veja o que acontece! Que seja sua primeira leitura do dia. Precisamos de 21 dias para construir novos hábitos, então, a ideia é que você comece seu dia com a intenção bem alinhada com o que você quer gerar. Segundo, escolha duas mulheres importantes para você, do seu círculo íntimo, e compartilhe com elas o manifesto.

Juntas, podemos construir uma comunidade de força e fruição, um movimento de transformação. É assim que percebemos e garantimos que não estamos sozinhas e que há uma força poderosa de transformação nesta união.

Finalizo este livro, este manifesto, com minha profunda gratidão por você ter seguido comigo até aqui. Essa é a razão de eu ter traduzido nestas páginas o que vivi, o que estou aprendendo, o que está me movendo em direção ao meu próprio C.A.B.E.R. de todo o dia. Eu desejo a você uma linda e transformadora jornada de autoconhecimento e coragem. Um maravilhoso adultecer! Saiba que não estará sozinha nunca. E, quando você se esquecer disso, volte a estas páginas, recomece e lembre: eu estou com você, nós todas somos como você.

E que você possa hoje, ao se deparar com a pergunta da Oriah Mountain Dreamer – "porque é tão raro querer ser a pessoa que realmente sou?" (2003, p. 10) –, dizer: "Não mais. Eu já tenho feito diferente! Eu quero ser cada vez mais quem eu sou e, assim, quero fazer minha vida C.A.B.E.R. como me faz sentido vivê-la!". E ao fazer isso, que você ilumine a jornada de outras. Que este livro tenha sido, para você, uma lamparina acesa na escuridão – e que, de alguma forma, tenha iluminado o seu próximo passo.

**Que você seja luz por onde for.**
Não a luz que ofusca,
nem a que tenta iluminar tudo de uma vez.
Mas a luz de uma lamparina,
firme e serena,

que aquece, guia e dá segurança para o próximo passo.
Que sua presença ilumine caminhos,
inspire movimentos,
e fortaleça jornadas —
a sua e a de todos que têm o privilégio de caminhar ao seu lado.
Porque não é sobre brilhar sozinha,
mas sobre acender luzes ao redor.
E para que essa luz siga acesa,
é preciso autocuidado.
É preciso dizer **basta** ao que esgota,
libertar-se da culpa,
e escolher, todos os dias, fazer a vida **C.A.B.E.R**.
Uma vida com **coragem**,
que nasce do peito aberto, mesmo na presença do medo.
Com **autoconhecimento autocompassivo**,
que acolhe quem você é, sem julgamentos.
Com espaço para **balancear com presença**,
sem máscaras de perfeição.
Com **empatia**,
por si e pelos outros.
E com a leveza de poder sempre **recomeçar**.

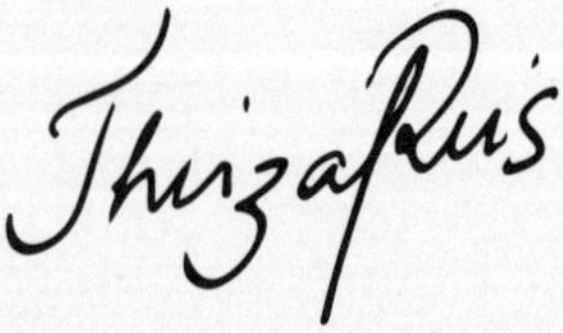

# Referências


ACADEMIA BRASILEIRA DE LETRAS. Normose. Disponível em: https://www.academia.org.br/nossa-lingua/nova-palavra/normose. Acesso em: 17 mar. 2025.

ALMEIDA, R. E. de. A empatia em Edith Stein. *Cadernos IHU*, ano 12, n. 48, 2014. Disponível em: https://www.ihu.unisinos.br/images/stories/cadernos/ihu/048cadernosihu.pdf. Acesso em: 23 dez. 2024.

AMARAL, A. C. do. *Toda ansiedade merece um abraço*. São Paulo: Paidós, 2023.

ANSILIERO, G. *O movimento Slow Food:* a relação entre o homem, alimento e meio ambiente. Brasília: Universidade de Brasília, 2006.

BAUMAN, Z. *Modernidade líquida*. Rio de Janeiro: Zahar, 2001.

BIBLIOTECA VIRTUAL EM SAÚDE. OMS divulga informe mundial de saúde mental: transformar a saúde mental para todos. Brasília, [s.d.]. Disponível em: https://bvsms.saude.gov.br/oms-divulga-informe-mundial-de-saude-mental-transformar-a-saude-mental-para-todos/. Acesso em: 17 mar. 2025.

BOWLBY, J. *Apego:* a natureza do vínculo. São Paulo: Martins Fontes, 2019.

BROWN, B. *A arte da imperfeição:* abandone a pessoa que você acha que deve ser e seja você mesmo. Ribeirão Preto: Novo Conceito, 2012.

BROWN, B. *A coragem de ser imperfeito:* como aceitar a própria vulnerabilidade, vencer a vergonha e ousar ser quem você é pode levá-lo a uma vida mais plena. Rio de Janeiro: Sextante, 2013.

BROWN, B. *A coragem de ser você mesmo:* como conquistar o verdadeiro pertencimento sem abrir mão do que você acredita. Rio de Janeiro: BestSeller, 2021.

BROWN, B. *Atlas of the Heart:* mapping meaningful connection and the language of human experience. New York: Random House, 2021.

BROWN, B. O poder da vulnerabilidade. *TED Talks*, 2011. Disponível em: https://www.ted.com/talks/brene_brown_the_power_of_vulnerability?language=pt-br. Acesso em: 17 mar. 2025.

BROWN, B. *The Call to Courage*. [S.l.]: Netflix, 2019. 1 vídeo (76 min.). Documentário.

CABER. *In:* DICIO, *DICIONÁRIO ONLINE DE PORTUGUÊS*. Dicio. [S.l.]: 7Graus, [20--]. Disponível em: https://www.dicio.com.br/caber/. Acesso em: 28 dez. 2024.

CAMPBELL, J. *O herói de mil faces.* São Paulo: Cultrix/Pensamento, 2009.

ECHEVERRÍA, R. *Ontología del lenguaje.* 1. ed. Santiago de Chile: J.C. Sáez Editor, 1994.

ESTADO DE MINAS. Síndrome de burnout: Brasil é o segundo país com mais casos diagnosticados. *Estado de Minas.* Belo Horizonte, 26 de maio de 2023. Disponível em: https://www.em.com.br/app/noticia/saude-e-bem-viver/2023/05/26/interna_bem_viver,1498977/sindrome-de-burnout-brasil-e-o-segundo-pais-com-mais-casos-diagnosticados.shtml. Acesso em: 17 mar. 2025.

ESTÉS, C. P. *A ciranda das mulheres sábias:* ser jovem enquanto velha, velha enquanto jovem. Tradução de Waldéa Barcellos. Rio de Janeiro: Rocco, 2007.

ESTÉS, C. P. *Mulheres que correm com os lobos:* mitos e histórias do arquétipo da mulher selvagem. Tradução de Waldéa Barcellos. Rio de Janeiro: Rocco, 1994.

HALL, S. *A identidade cultural na pós-modernidade.* Tradução de Tomaz Tadeu da Silva e Guacira Lopes Louro. 11. ed. Rio de Janeiro: DP&A, 2006.

HAN, B.-C. *Sociedade do cansaço.* Tradução de Enio Paulo Giachini. Petrópolis: Vozes, 2015.

HONORÉ, C. *Devagar:* como um movimento mundial está desafiando o culto da velocidade. São Paulo: Record, 2005.

JUNG, C. G. *Aion:* estudos sobre o simbolismo do si-mesmo. Petrópolis: Vozes, 2013.

KILOMBA, G. Roda Viva | Grada Kilomba | 13/05/2024. Entrevistadora: Vera Magalhães. Roda Viva, 13 de maio de 2024. Vídeo (YouTube). Disponível em: https://www.youtube.com/watch?v=KtIW1STnv9g. Acesso em: 1º dez. 2024.

KRENAK, A. *A vida não é útil.* São Paulo: Companhia das Letras, 2020.

KRZNARIC, R. *O poder da empatia:* a arte de se colocar no lugar do outro para transformar o mundo. Rio de Janeiro: Zahar, 2015.

LIMA, P. V. *Volta por cima.* Intérprete: Beth Carvalho. RCA Victor, 1963.

MAEDA, J. *As leis da simplicidade.* São Paulo: Novo Conceito, 2006.

MASLOW, A. H. *Motivação e personalidade.* 3. ed. Rio de Janeiro: LTC, 2010.

MCKEOWN, G. *Essencialismo:* a disciplinada busca por menos. Rio de Janeiro: Sextante, 2015.

MOUNTAIN DREAMER, O. *A dança:* movendo-se ao ritmo do seu verdadeiro eu. Tradução de Claudia Gerpe Duarte. São Paulo: Sextante, 2003.

MURDOCK, M. *A jornada da heroína:* a busca da mulher para se reconectar com o feminino. Rio de Janeiro: Sextante, 2020.

NEFF, K. *Autocompaixão:* pare de se torturar e deixe a insegurança pra trás. Tradução de Beatriz Marcante Flores. São Paulo: Lúcida Letra, 2017.

OXFAM BRASIL. *Relatório de atividades 2023.* São Paulo: Oxfam Brasil, 2023. Disponível em: https://www.oxfam.org.br/wp-content/uploads/2024/07/relatorio_de_atividades_2023_RV003.pdf. Acesso em: 17 mar. 2025.

QUINTÃO, P. #182 Enrosco: o slow também enrosca. *Sessão de Enroscos*. Por Paula Quintão, [S.l.], 2022. Disponível em: https://soundcloud.com/porpaulaquintao/182-enrosco-o-slow-tambem-enrosca. Acesso em: 23 abr. 2025.

REIS, H. *Gente inteligente sabe se relacionar*. Brasília: Thesaurus, 2015.

ROSA, J. G. *Grande sertão:* veredas. Rio de Janeiro: Nova Aguilar, 1994.

SANTOS, E. *Conversas corajosas*. São Paulo: Paz e Terra, 2021.

SANTOS, E. *Vamos conversar*. São Paulo: Paz e Terra, 2023.

TILLICH, P. *A coragem de ser*. São Paulo: Paz e Terra, 1972.

UFRN – UNIVERSIDADE FEDERAL DO RIO GRANDE DO NORTE. Trabalho de amor? *UFRN*. Imprensa, 14 de fevereiro de 2023 Disponível em: https://www.ufrn.br/imprensa/reportagens-e-saberes/67961/trabalho-de-amor. Acesso em: 17 mar. 2025.

WEIL, P.; LELOUP, J.Y.; CREMA, R. *Normose:* a patologia da normalidade. Campinas: Verus, 2003.